AF459831

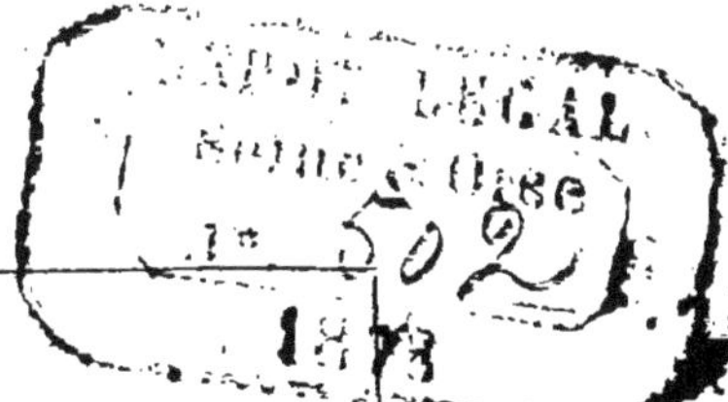

VOLTAIRE

ET

ROUSSEAU

ET

LA PHILOSOPHIE DU DIX-HUITIÈME SIÈCLE

PAR

HENRI MARTIN

—

30 centimes.

—

PARIS

PUBLICATIONS ILLUSTRÉES

3, RUE DE MÉDICIS

VOLTAIRE

ET

ROUSSEAU

5133-78 — Corbeil. Imprimerie de Crété.

VOLTAIRE

ET

ROUSSEAU

ET

LA PHILOSOPHIE DU DIX-HUITIÈME SIÈCLE

PAR

HENRI MARTIN

PARIS
PUBLICATIONS ILLUSTRÉES
3, RUE DE MÉDICIS
1878

VOLTAIRE ET ROUSSEAU

ET LA PHILOSOPHIE

DU DIX-HUITIÈME SIÈCLE

I

Dans la seconde moitié du dix-huitième siècle, après la déplorable paix qui termina la guerre de Sept ans, la monarchie française avait perdu, sous le honteux gouvernement de Louis XV, la grandeur qu'elle avait due à Henri IV et à Richelieu, et que Louis XIV avait compromise par ses prétentions immodérées au dehors et par la persécution des protestants au dedans.

Si l'on ne connaissait de l'histoire du

dix-huitième siècle que les événements politiques et militaires, on croirait que la France, vers la fin du règne de Louis XV, était totalement déchue et l'objet du dédain des nations.

Et cependant, à cette époque même, l'influence des idées et des mœurs de la France sur l'Europe était aussi étendue et plus profonde qu'au temps de Louis XIV.

C'est qu'il y avait chez nous une opposition qui toujours grandissait entre le gouvernement et la nation, et que l'intelligence nationale s'élevait à mesure que la monarchie baissait.

Sous la France officielle, dont le centre était Versailles, se préparait une nouvelle France dont la tête et le cœur étaient Paris.

Le bien et le mal se mêlaient dans ce monde nouveau qui se formait ; mais ce bien et ce mal, c'était la vie : tandis que, dans le monde de la cour et de l'ancien régime, on sentait gagner de plus en plus le froid de la mort.

Il y avait eu de grandes variations dans

les idées et dans les mœurs en France depuis la fin de Louis XIV.

La folle licence de la Régence, succédant à la bigoterie et à l'hypocrisie qui avaient régné durant la vieillesse du Grand Roi, avait été comme un carnaval rempli d'ivresse et d'orgie à la suite d'un monotone et sombre carême. Des idées nouvelles de grande conséquence avaient commencé toutefois de se produire parmi ces folies, après lesquelles la société se calma et se rassit dans des habitudes non pas beaucoup plus régulières ni plus sévères, mais moins bruyantes et de meilleur goût. Le café remplaça le cabaret ; les réunions où l'on cause se substituèrent aux réunions où l'on s'enivre. Un costume élégant et somptueux, où les hommes portaient, comme les femmes, les couleurs éclatantes, la soie et le velours et les riches broderies, fit disparaître les lourds et tristes habillements des derniers temps de Louis XIV. Au lieu de la longue et vaste perruque du Grand Roi, on prit une perruque courte, poudrée à blanc, pour les deux sexes et pour tous les âges, comme pour effacer la différence entre la jeunesse et la vieillesse. Les habitations changèrent comme le costume. On adopta, dans les maisons, de nouvelles dispositions intérieures, afin de rendre la vie plus agréable et plus commode. Les relations de société devinrent bien plus multipliées et plus habituelles encore qu'au siècle précédent, et les classes se mêlèrent toujours davantage, par le goût du plaisir et par le goût de la conversation, communs à tout ce qui avait un peu d'éducation et de culture d'esprit. On faisait tout pour le dehors, pour la bonne grâce, le bel esprit et les belles manières, peu pour le fond. Il y avait peu de vices grossiers, mais peu de fortes vertus. On mêlait une sensualité raffinée au goût des choses de l'esprit, et l'on doutait quasi de tout, excepté de l'amusement. Les liens de la famille étaient comme dissous dans le grand monde, et se relâchaient dans les autres classes. La société se perfectionnait à l'extérieur ;

l'esprit s'aiguisait ; mais le cœur semblait se refroidir ; le moral baissait ; toutes les grandes affections, l'amour, l'amitié, le patriotisme, allaient s'affaiblissant.

Dans cette décadence des autres affections, le sentiment de l'humanité en général s'étendait cependant et gagnait les âmes : on devenait plus humain qu'au dix-septième siècle ; l'opinion commençait à se soulever contre des injustices et des misères qui semblaient choses toutes simples au temps passé.

Avec beaucoup de légèreté, on n'avait pourtant pas une entière indifférence pour les choses sérieuses. Le doute qu'inspiraient toutes les anciennes croyances poussait à des idées nouvelles, et le penchant aux nouveautés excitait l'utile curiosité d'apprendre. On n'avait pas encore une passion énergique pour la vérité et la justice ; on avait, pour cela, trop de dissipation et trop peu de réflexion ; mais on faisait un vif accueil à tout ce qui attaquait les préjugés et les principes de ce régime de Louis XIV qui gouvernait encore matériellement la France, quoique l'esprit de la France ne lui appartînt plus.

Avant la fin de la Régence, un livre ingénieux et hardi, profond sous une apparence frivole, avait exprimé et dépassé avec éclat cette tendance du public (1721). C'étaient les *Lettres persanes*, œuvre d'un jeune magistrat, un président au parlement de Bordeaux, Montesquieu. C'est une espèce de roman où deux voyageurs persans sont censés juger à leur façon la France et la chrétienté. Sous le couvert des deux Persans, l'auteur se permet tout, en religion comme en politique. Il raille Louis XIV et Mme de Maintenon, la bulle *Unigenitus* et les disputes théologiques ; il dit que la république est le gouvernement de la vertu ; qu'elle est supérieure à la monarchie, et que la monarchie aboutit toujours ou au despotisme ou à la république. Il dit que la religion catholique ne peut plus durer cinq siècles en Europe; que les protestants deviendront de plus en plus riches et puissants, et les catholiques plus faibles.

Sa conclusion est que le moyen le plus sûr de plaire à Dieu est d'observer les règles de la société et les devoirs de la charité et de l'humanité. Quant aux cérémonies, dit-il, c'est la matière d'une grande discussion ; car il faut choisir les cérémonies d'une religion entre celles de deux mille.

La forme charmante et légère de ce livre, plein d'amusants récits, de saillies étincelantes, fit passer sur l'extrême audace du fond. Le pouvoir (c'était encore le Régent et Dubois) ne se soucia pas d'en reconnaître la portée, et Montesquieu ne fut point inquiété. Malgré ce début si bruyant et si brillant, Montesquieu était un homme d'étude et de méditation plutôt que de dispute et de combat ; sous le cardinal de Fleuri, il fit des concessions, rejeta les plus grandes témérités des *Lettres persanes* sur une prétendue infidélité des libraires qui avaient imprimé le livre en Hollande, et s'absorba tout entier dans de vastes recherches sur la législation et l'histoire.

L'homme de critique agressive, spirituelle et passionnée, ardente et infatigable, le chef de la guerre contre le passé, qu'avaient paru annoncer les *Lettres persanes*, ne fut pas Montesquieu, mais un autre écrivain plus jeune de quelques années, un enfant de Paris, Voltaire.

François Arouet de Voltaire, fils d'un ancien notaire de Paris, avait été élevé au collége des jésuites (collége Louis-le-Grand). Les jésuites, par un de ces contrastes qui ne sont pas rares dans l'histoire, ont été ainsi les premiers instituteurs des deux plus grands adversaires de l'autorité traditionnelle : Descartes et Voltaire. Mais Voltaire, au collége, faisait déjà peur à ses maîtres. Il avait reçu, dès l'enfance, d'autres leçons que les leurs, celles d'une petite société d'*esprits forts*, c'est-à-dire de libres-penseurs, comme on dit aujourd'hui d'après une expression empruntée aux Anglais. Il y en avait sous Louis XIV, qui protestaient dans leur coin contre la dévotion officielle et contre toutes les croyances chrétiennes ; ils ne reconnaissaient que ce qu'ils appelaient la « loi de nature », et associaient à leur incrédulité des mœurs fort relâchées.

Ces relations ne furent pas très-avantageuses à Voltaire. Sans être vicieux, Il prit l'habitude de traiter trop à la légère la dissolution des mœurs, et de tenir trop peu de compte de la décence dans ses écrits ; il contracta l'habitude de ne pas prendre la vie assez au sérieux, du moins ces règles de vie qui, dans les relations des sexes, sont le fondement de la famille et de la vraie société, car il resta sérieux sous d'autres rapports, et ne joua jamais avec l'humanité et la justice ; il leur dévoua, au contraire, tout ce qu'il avait de force et génie. « Faire du bien aux hommes », faire la guerre à tout ce qui les rend malheureux et qui les opprime, ce fut là le but qu'il poursuivit avec une fidélité inflexible durant soixante ans de combats. Ses passions personnelles, ses erreurs, ses faiblesses, ne l'en détournèrent jamais. Si vif et si léger, si mobile en apparence, il fut, au fond, le plus persévérant des hommes. Très-désireux de popularité et de gloire, il ne sépara jamais l'intérêt de sa renommée et l'intérêt de la cause à laquelle il s'était donné sans réserve.

Le spectacle des cruelles persécutions qui frappèrent les protestants et les jansénistes durant les derniers jours de Louis XIV fit sur sa jeunesse une impression ineffaçable ; il avait vingt ans à la mort du Grand Roi : ce fut là ce qui détermina sa vocation. La haine du fanatisme et de l'hypocrisie domina chez lui tout autre sentiment, et l'entraîna à trop confondre le fond des croyances religieuses avec les formes, et les idées avec l'abus qu'en font les hommes.

Pour bien connaître Voltaire, il ne faut pas voir seulement sa statue du Théâtre-Français, chef-d'œuvre du sculpteur Houdon, qui le représente amaigri par l'extrême vieillesse et ne vivant plus, pour ainsi dire, que par le regard ; il faut avoir contemplé Voltaire dans le portrait qui a été conservé de lui à quarante ans. Ce n'est plus là le calme et la douceur grave, mêlés de réserve et de finesse, qui tempèrent l'effet imposant des grands traits de Montesquieu ; c'est la passion, l'ardeur du combat, le mouvement perpétuel, qui débordent dans cet œil rayonnant, plein d'attrait et de menace, dans cette bouche à la fois moqueuse et bienveillante, dans cette physionomie d'un charme étrange. On sent là l'homme d'action bien plus que de méditation, l'homme dont chaque livre sera un acte ayant son effet immédiat sur ses contemporains.

Il s'ouvrit la carrière, à vingt-trois ans, par une tragédie, *Œdipe* (1718). On crut d'abord qu'il serait un successeur de Corneille et de Racine. Mais le théâtre ne devait être pour lui qu'un moyen de propagande, et non un but. On remarqua dans *Œdipe* ces vers :

Nos prêtres ne sont pas ce qu'un vain peuple pense;
Notre crédulité fait toute leur science.

Il pensait à autre chose qu'aux prêtres de Jupiter qui sont mis en scène dans la pièce, et c'était le début de sa longue guerre contre le clergé.

Œdipe fut suivi de l'*Epître à Uranie*, pièce de vers qui attaquait la religion révélée, mais soutenait la croyance en Dieu enseignée par la nature et par la raison (1721).

Après avoir tenté avec succès une tragédie sur un sujet antique, Voltaire, dans les derniers jours de la Régence (1723), publia un poëme sur un sujet tout moderne. Les splendeurs, puis les malheurs du long règne de Louis XIV, avaient trop fait oublier Henri IV à la France; Voltaire remit en honneur celui qui avait été, bien mieux que Louis XIV, le vrai Grand Roi, le héros humain et tolérant, l'auteur de l'Édit de Nantes que Louis XIV a si fatalement détruit. Le poëme de la *Henriade*, où les calamités et les crimes du fanatisme sont dépeints avec tant d'énergie, est surtout, au fond, une éloquente protestation contre la révocation de l'Édit de Nantes. C'est Voltaire qui a refait la popularité d'Henri IV, destinée à survivre aux Bourbons et à la monarchie.

Voltaire, tout jeune, avant *Œdipe*, avait déjà éprouvé les rigueurs du pouvoir ; on l'avait enfermé quelques mois à la Bastille pour des vers satiriques qui n'étaient pas de lui. Le Régent, désabusé sur cette accusation, avait fait remettre en liberté le poëte avec indemnité. Voltaire eut bien plus gravement à se plaindre des successeurs du Régent.

Il avait eu une querelle avec un grand seigneur fort méprisable. Celui-ci l'attira dans un guet-apens, et lui fit donner des coups de bâton par ses laquais. Voltaire riposta par une provocation en duel. L'autre, au lieu de se battre, obtint du duc de Bourbon, alors premier ministre, une lettre de cachet pour renvoyer Voltaire à la Bastille, puis, de là, en exil.

Voltaire, pour prendre en haine le gouvernement arbitraire, n'avait pas eu besoin d'en éprouver ainsi dans sa personne les plus odieux abus (1726). Néanmoins, ce fut le fanatisme religieux, plus encore

2

que le despotisme monarchique, qu'il continua de regarder comme le principal ennemi et comme la source des plus grands maux de l'humanité.

Il se retira dans un pays où la liberté individuelle était respectée depuis la révolution de 1688, en Angleterre.

L'impression que lui fit l'Angleterre fut profonde. Elle le saisit par le contraste avec la France de ce temps. En France, Louis XIV n'avait pas permis qu'on élevât un tombeau à Descartes. En Angleterre, Voltaire vit porter à Westminster, le Saint-Denis des Anglais, les restes de Newton par tous les grands personnages du royaume, le lord chancelier en tête. En France, l'écrivain le plus brillant et le plus populaire, comme nous venons de le voir, était brutalement sacrifié au premier vaurien de haute naissance qui voulait se débarrasser de lui. En Angleterre, les écrivains distingués devenaient députés et ministres. On y avait liberté de penser, liberté d'écrire, liberté d'agir quasi en toutes choses, tandis qu'en France, à la demi-tolérance du temps du Régent succédaient, outre les arrestations arbitraires, de nouvelles ordonnances menaçantes contre les auteurs, les imprimeurs et les libraires. Voltaire passa deux à trois années à étudier le mouvement social, religieux, philosophique, la littérature et les mœurs de l'Angleterre, non pour s'en faire le copiste, mais pour y puiser des connaissances, des arguments et des armes.

On le laissa enfin revenir, d'abord en province, puis à Paris. Ce fut par le théâtre qu'il fit sa rentrée, avec deux nouvelles tragédies, l'une de politique, l'autre de sentiment, *Brutus* (1730) et *Zaïre* (1732). Dans *Œdipe*, il avait attaqué les prêtres; dans *Brutus*, il attaque les despotes. Il fait nier par ses héros l'inviolabilité des rois et proclamer le droit qu'ont les peuples de changer leurs lois. Le public, à cette molle époque du ministère de Fleuri, n'était pas encore au niveau du poëte, et *Zaïre*, drame d'amour très-touchant, qui est une imitation affaiblie de l'*Othello* anglais de Shakespeare, eut un succès qui dépassa de beaucoup celui de *Brutus*. *Zaïre* réveilla les cœurs refroidis, et gagna les femmes à Voltaire.

La pensée de Voltaire n'avait apparu jusque-là, pour ainsi dire, que par éclairs. Il la dévoila enfin dans son ensemble par une œuvre aussi hardie dans le fond que les *Lettres persanes* de Montesquieu et plus sérieuse dans la forme, d'autant plus dangereuse pour l'auteur, sous les jésuites qui avaient repris le pouvoir avec le vieux cardinal de Fleuri. Les *Lettres philosophiques sur les Anglais*, imprimées en secret, se répandirent rapidement en France et à l'étranger (1734). Voltaire y touchait à la religion pour montrer, dans la secte anglaise des *quakers*, une Église sans prêtres, qu'il présentait comme plus chrétienne qu'aucune autre. Il y touchait à la politique, pour faire l'éloge du gouvernement légal des Anglais, mêlé de monarchie, d'aristocratie et de démocratie, par opposition à la monarchie arbitraire. Il y touchait à la philosophie et aux sciences, pour faire la guerre à Descartes, au nom des philosophes anglais, de Bacon, de Locke et de Newton.

Les disciples de Descartes, en France, n'avaient pas su continuer leur maître, combler les lacunes de sa doctrine, et l'appliquer à la réforme nécessaire de la société religieuse et politique. Voltaire, dont le génie si vif et si étendu manquait parfois de profondeur vit bien les erreurs et les insuffisances chez Descartes, mais n'y vit pas les grandes vérités. Au lieu de chercher à rectifier et à compléter ce grand homme, le vrai père de la philosophie moderne, Voltaire abandonna sa tradition pour se faire le disciple de philosophes anglais bien inférieurs à Descartes.

Il prétendit, d'après Locke, que toutes nos idées nous viennent par les sens, sans distinguer l'action propre et intime de notre esprit d'avec les impressions du dehors qui provoquent en lui la pensée. Et il inclina aussi à admettre qu'un être purement matériel peut penser, ce qui n'a point de sens, s'il entendait par matière, comme Descartes, ce qui est étendu et inerte. S'il l'entendait autrement, il ne l'expliqua point. Il eût pu dire qu'il y a toujours dans tout être un principe actif, une *force* jointe au principe étendu et passif; que cette force est, à vrai dire, ce qui constitue l'être; que cette *force*, enfin, quand elle est seulement agissante et non pensante, peut recevoir de Dieu la faculté de penser; cela fût rentré dans sa croyance déiste; mais il ne s'était pas rendu compte nettement de son idée, et il mit sur ce point la confusion dans les idées des autres au lieu de les éclaircir.

Quant à Newton, l'auteur de la théorie sur l'attraction universelle qui unit et fait mouvoir tous les mondes, Voltaire était sur un meilleur terrain, et rendait service à la France en propageant parmi nous les découvertes de ce beau génie; mais il ne vit pas que Newton, qui avait raison sur l'attraction contre Descartes, avait tort relativement à d'autres grandes lois de la nature que Descartes avait aperçues, et que la science a fini par démontrer au dix-neuvième siècle.

En même temps qu'il attaquait Descartes, Voltaire, dans une autre lettre publiée avec les *Lettres sur les Anglais*, réfutait Pascal. Il a raison dans le détail, mais ne va pas au fond, parce qu'il n'oppose à la doctrine janséniste de Pascal sur la nature humaine qu'un vague déisme, sans aucune conception sur la destinée de l'homme au delà de cette vie. A cette époque de sa carrière, il croyait en Dieu et au libre arbitre, à la liberté morale de l'homme, et, en même temps, il jugeait invraisemblable que nous eussions une âme spirituelle et immortelle. Il avançait que l'homme n'est qu'un composé d'organes divers, comme si un composé d'organes pouvait être une personne, un individu, et avoir la pensée et le libre arbitre. Cela était tout à fait contradictoire.

Du moins, Voltaire voyait très-bien le vrai but de l'homme sur la terre. Pascal, comme les anciens philosophes indiens, dit : « Le bonheur est dans le repos. » —

« Non, » répond Voltaire; « l'homme est né pour l'action. »

C'est une grande parole, et bien juste.

Les *Lettres sur les Anglais* furent dénoncées par le clergé, supprimées par le Conseil du roi, condamnées au feu par le Parlement.

Voltaire ne brava pas l'orage en face. Il fit quelques concessions moindres que celles de Montesquieu après les *Lettres persanes*, et adopta désormais un plan de conduite où il opposa la ruse à la force, publiant ses œuvres les plus compromettantes sous de faux noms, les désavouant, puis recommençant et avançant toujours. Il ne voulait pas se faire écraser dès les premiers pas. Il ne manquait certes point de courage; mais il manqua parfois de dignité.

Il se retira hors de la portée du Parlement de Paris et des lettres de cachet, au château de Cirei, en Lorraine, chez une femme qui s'était attachée à lui par la conformité de goût pour la littérature et surtout pour les sciences, Mme du Châtelet. C'était une haute intelligence et une âme généreuse : elle entendait les sciences aussi bien que Voltaire, et la philosophie abstraite, la métaphysique, mieux que lui. Ils associèrent, durant plusieurs années, leurs vies et leurs travaux.

Années très-fécondes, où Voltaire se partagea entre la poésie, la physique et l'histoire, passant tour à tour des *Discours sur l'homme*, petits poëmes philosophiques remplis de beaux vers et de bons sentiments (1734-1737), soit à d'importantes œuvres de théâtre, *Alzire*, *Mérope*, *Mahomet* (1736-1741), soit à un exposé du système de Newton (1738), puis des sciences naturelles à une grande création historique.

Heureux s'il n'eût point entaché cette brillante époque de sa vie par l'action la plus condamnable qu'on ait à reprocher à sa mémoire, par ce malheureux poëme de la *Pucelle* où il profana le nom le plus glorieux et le plus saint de l'histoire de France, le nom de Jeanne Darc, en le mêlant à des fantaisies d'imagination licencieuse. Il ne savait pas véritablement ce que c'était que Jeanne Darc, et ne connaissait point les documents de cette vie sans pareille qui sont aujourd'hui dans nos mains; il ne savait pas qu'elle avait été, non-seulement martyre de la patrie, mais martyre de la libre conscience; il connaissait tout au moins et le courage et le supplice de l'héroïne, et l'on ne peut concevoir que son bon cœur ne l'ait pas arrêté devant le bûcher de Rouen.

Cet homme étrange et rempli de contradictions, tandis qu'il profanait ainsi l'histoire, lui élevait un monument qui le mettait au premier rang des historiens, l'*Essai sur les mœurs et l'esprit des nations.*

La science historique avait fait des progrès considérables en France depuis le commencement du dix-huitième siècle. Les Bénédictins avaient continué de rassembler les documents de nos annales et commencé la publication des deux grands recueils des *Historiens des Gaules et de la France* et de l'*Histoire littéraire de la*

France. A côté de ces savants moines, des savants laïques publiaient le recueil des *Ordonnances des rois de France*, qui est l'histoire législative de la monarchie française. Un grand génie scientifique, Fréret, qui avait d'abord voulu se consacrer à l'histoire de France, jugeant ensuite impossible d'écrire cette histoire sous la monarchie absolue, s'était rejeté sur l'étude de la haute antiquité, et avait éclairé d'une lumière toute nouvelle les commencements de l'histoire universelle.

Voltaire, lui, entra hardiment dans l'histoire des âges chrétiens. L'*Essai sur les mœurs* est comme la suite et la contrepartie du *Discours sur l'histoire universelle* de Bossuet, et retrace les grands traits des fastes du genre humain depuis Charlemagne jusqu'à Richelieu.

Bossuet avait rapporté l'histoire universelle à une tradition religieuse trop étroite. Voltaire tombe dans l'excès contraire, en méconnaissant la valeur des traditions religieuses ; il admet une religion naturelle, mais n'en admet pas les conséquences. Malgré les défauts de l'*Essai sur les mœurs*, tout ce qui s'est fait depuis en histoire procède de ce livre ; Voltaire y a donné le vrai plan, le vrai cadre de toute œuvre historique moderne, et ce cadre comprend tout ce qui intéresse l'homme dans la marche du genre humain.

La philosophie de l'histoire est très-incomplète chez Voltaire ; mais le principe essentiel s'y trouve : « L'homme est perfectible. »

L'*Essai sur les mœurs*, commencé vers 1740, ne fut publié qu'en 1757.

Avant l'*Essai sur les mœurs des nations* parut un autre ouvrage qui attestait chez son auteur un génie aussi éclatant et des méditations plus profondes et plus patientes (1748). C'était l'*Esprit des lois*, de Montesquieu, le seul homme qu'on pût alors comparer à Voltaire. Moins abondant et plus concentré quant à la pensée, aussi grand écrivain quant au style, aussi vif et aussi rapide, moins simple et moins gracieux, plus nerveux et plus serré dans son expression que Voltaire, il avait rassemblé tout ce qu'il avait de forces pour produire une œuvre sans modèle.

Il part d'aussi haut que l'esprit de l'homme peut s'élever. Avant d'examiner les lois des nations, il remonte jusqu'à la source de toutes les lois, des lois de la nature comme des lois humaines, et la montre dans la raison universelle, c'est-à-dire en Dieu. Il montre que les lois que font les hommes ne sont justes et ne sont vraiment des lois que lorsqu'elles sont en accord avec ces lois supérieures que les hommes n'ont pas faites. Il avait déjà dit, dans les *Lettres persanes*, que la justice est éternelle et ne dépend point des conventions humaines.

Il n'explique pas ensuite directement quels seraient les lois positives et le gouvernement le plus conformes aux lois de la raison universelle. Il n'eût pu le faire sans attaquer en face le gouvernement existant, si contraire à la raison et à la justice. Mais il examine et caractérise les diverses sortes de gouvernement, en laissant apercevoir ses préférences.

Il dit que, dans une démocratie, le peuple est admirable pour choisir ses magistrats, qui doivent faire ses affaires, et ses représentants, qui doivent les discuter, mais qu'il n'est point propre à les discuter ni à les faire lui-même. Le corps des représentants du peuple n'est pas non plus propre à l'action et à l'exécution ; mais c'est à lui de faire les lois, et de voir si l'on a bien exécuté celles qu'il a faites. Le pouvoir législatif, le pouvoir exécutif et le pouvoir judiciaire, en d'autres termes, le corps des représentants du peuple, le gouvernement et les tribunaux doivent être séparés et indépendants les uns des autres ; sans quoi, il n'y a point de liberté. Le pouvoir de juger ne doit pas être donné à un corps permanent.

La république, dit-il, doit se fonder sur la vertu politique, c'est-à-dire sur l'amour de la patrie et de l'égalité. Il peut y avoir des riches dans une république, pourvu que la loi de succession divise les fortunes par le partage égal entre les enfants, et qu'on remédie à la trop grande inégalité des biens par les charges imposées aux riches et par les soulagements accordés aux pauvres.

La démocratie, dit-il, se perd quand le peuple veut tout faire par lui-même, délibérer, exécuter, juger tout.

Il examine les conditions de la monarchie comme celles de la république. La monarchie consiste pour lui dans une royauté héréditaire, entourée d'une magistrature et d'une noblesse héréditaires et privilégiées, d'un clergé et de municipalités également privilégiés. Quand la monarchie supprime les priviléges des corps et des villes, elle marche, suivant lui, à sa perte.

A côté de la démocratie et de la monarchie, il étudie une troisième espèce de gouvernement, mêlé de monarchie, d'aristocratie et de démocratie, et qui est celui de l'Angleterre, déjà loué par Voltaire. Il manifeste à son tour, avec bien plus de développements que Voltaire, sa sympathie pour cette constitution qui a pour objet, dit-il, la liberté du peuple, quoiqu'elle ne donne pas tout le pouvoir au peuple. Il fait bien voir, sans le dire ouvertement, que c'est cette constitution qui donne à l'Angleterre un immense avantage dans ses luttes contre la monarchie absolue de la France.

Entre ces deux gouvernements, il a donc raison de préférer le gouvernement anglais; néanmoins, on voit bien qu'il regarde la démocratie comme supérieure en théorie à la constitution anglaise. C'est faute de vertu, dit-il, que l'Angleterre n'a pu établir chez elle la démocratie au dix-septième siècle.

Il n'est pas de questions sociales auxquelles il ne touche. Quant à la pénalité, il blâme les supplices atroces et la torture. Quant à l'impôt, il dit que le nécessaire ne doit point être taxé ; que l'utile doit l'être, mais moins que le superflu. Il condamne le système d'affermer les impôts. Il blâme l'augmentation outrée des armées, qui ruine l'Europe.

Il réclame l'abolition de l'esclavage des noirs ; c'est lui qui a eu l'honneur de la réclamer le premier.

Il s'exprime avec respect et sympathie pour le christianisme dans son fond essentiel, et dit qu'on doit au christianisme des améliorations dans les rapports des peuples et des hommes entre eux, qu'on ne saurait trop reconnaître. Le catholicisme, ajoute-t-il, convient mieux aux monarchies ; le protestantisme, aux républiques, à cause de son esprit d'indépendance et de liberté. Il veut la tolérance religieuse.

Dans des *Pensées diverses*, publiées après sa mort, il dit que l'étude de la philosophie donne, sinon l'entière certitude, du moins la très-grande espérance de l'immortalité de l'âme. Il traite fort rudement les ecclésiastiques, disant qu'ils sont intéressés à maintenir le peuple dans l'ignorance ; « sans cela, comme l'Évangile est simple, on leur dirait : — Nous savons tout cela comme vous. — Il y a deux choses incroyables entre toutes :

l'obéissance passive et l'infaillibilité du pape. »

L'*Esprit des lois* eut, en dix-huit mois, vingt-deux éditions françaises et un grand nombre de traductions étrangères.

Montesquieu mourut à soixante-six ans, en 1755, après avoir eu la satisfaction de voir le prodigieux succès de son livre. Il repoussa les obsessions des jésuites, qui assiégeaient son lit de mort pour lui arracher des rétractations. Une de ses dernières paroles fut que la morale de l'Évangile était le plus beau présent que Dieu eût fait aux hommes.

L'influence des philosophes grandissait. L'esprit public s'animait et s'échauffait de plus en plus. Voltaire, naguère persécuté, était maintenant ménagé par la cour de France. L'amitié d'un roi étranger lui valait les égards de Versailles. Le Grand Frédéric, avant son avénement au trône, s'était mis en correspondance intime avec Voltaire, dont il partageait les opinions philosophiques et dont le génie le charmait. Devenu roi de Prusse, il montrait, pour la première fois dans l'ère chrétienne, le spectacle d'un roi vivant en dehors de toute religion positive, et il continuait à se proclamer l'ami du plus illustre des incrédules. Cela aida Mme de Pompadour à faire accueillir Voltaire par Louis XV, et à le faire nommer gentilhomme de la chambre du roi et historiographe de France, c'est-à-dire historien chargé d'écrire les annales du roi régnant.

Voltaire accepta ces titres comme une couverture pour ses hardiesses et un moyen d'aider à la propagation de ses idées. La Pompadour, de son côté, cherchait à se couvrir de la popularité du grand écrivain contre le parti dévot, que soutenait la famille du roi. Mais le bon accord ne dura pas longtemps. La liberté des manières de Voltaire, qui n'était pas homme à ramper devant les rois, choqua l'orgueil rogue de Louis XV, qui n'aimait point et craignait les philosophes. La Pompadour elle-même trouva qu'il ne la traitait point assez en grande dame.

Voltaire quitta Versailles, et, après avoir perdu l'amie qui avait tenu une si grande place dans sa vie, Mme du Châtelet, il se décida à partir pour la Prusse, où l'appelait depuis longtemps Frédéric II (1750).

Il y retrouva toute une petite France incrédule réunie autour du roi de Prusse. Frédéric n'aimait que les livres et les idées de la France, et son académie de Berlin était presque entièrement composée de littérateurs et de savants français. Certains allaient là si loin, que Voltaire, qui avait toujours jusqu'alors guerroyé contre les croyances établies, fut obligé de défendre l'existence de Dieu et la morale contre des gens qui niaient l'une et l'autre. Ce fut là l'occasion de son poëme de la *Loi naturelle* (1751). L'exagération d'autrui le rendait plus modéré, et, dans sa brillante histoire du *Siècle de Louis XIV*, qu'il acheva en Prusse, si l'on peut lui reprocher quelque chose, c'est trop d'indulgence pour le Grand Roi.

Voltaire et Frédéric avaient été attirés l'un vers l'autre par leurs rapports d'esprit et de goûts : ils se brouillèrent par leur opposition d'humeur ; le roi était égoïste et despote ; le philosophe, irritable et fougueux. Leur rupture fit scandale, et Voltaire se sépara de Frédéric pour ne plus le revoir (1753). Ils avaient toutefois trop de tendances communes pour ne pas se réconcilier, comme ils le firent plus tard, mais à distance.

Voltaire se retira à Genève, puis dans le pays français de Gex, au château de Fernei, que son long séjour a rendu si fameux. Il fit de Fernei comme l'asile de la liberté de penser. Il avait fait fortune, non par la littérature, mais par les affaires, et considérait la richesse surtout comme un moyen d'action et d'indépendance. Il était là établi sur les confins de la France et des républiques de Genève et de Berne, toujours en mesure de passer la frontière s'il se sentait menacé de quelque retour de persécution.

Le péril, pour Voltaire, était moins au dehors qu'au dedans de lui-même, moins dans ce que pouvaient faire contre lui ses adversaires que dans l'état de son esprit. Il avait vécu longtemps dans l'opinion qu'on appelle l'*optimisme*, qui admettait que tout est pour le mieux en ce monde, et qu'il ne tient qu'à l'homme d'être heureux. Cette opinion venait du grand philosophe Leibniz, qui la rattachait à une conception de la destinée de l'âme humaine, créée pour un progrès sans fin dans l'immortalité. L'optimisme était soutenable en montrant, comme faisait Leibniz, le bien à l'origine et au but de tout être ; mais on ne pouvait sérieusement le défendre lorsqu'on ne voyait l'homme que sur la terre, et que, comme Voltaire, on jugeait l'autre vie peu probable.

En avançant en âge, Voltaire avait bien éprouvé que tout n'est pas pour le mieux en ce monde. Il avait vu les fléaux de la nature et les fléaux pires encore que les hommes s'infligent entre eux, et il avait passé d'un extrême à l'autre. Il écrivit un poëme déchirant et désespéré sur le tremblement de terre qui, en 1755, remua tout l'Occident et renversa une des capitales européennes, Lisbonne, sur des milliers de cadavres. Puis il composa un roman satirique, *Candide*, où il raillait amèrement l'*optimisme*, son ancienne croyance.

Il ne cessait pourtant pas de croire en Dieu; mais il restait échoué dans un vague déisme sans chaleur et sans espérance.

Chez le grand nombre des penseurs comme chez l'écrivain illustre qui représentait le mieux l'esprit de son temps, le sentiment religieux était amorti; le but idéal de la vie au delà de ce monde avait disparu; mais cependant l'esprit du dix-huitième siècle, un peu sec et léger au début, était devenu de plus en plus vif, énergique et ardent. A l'idéal religieux qui lui manquait, il cherchait une compensation dans l'étude de la nature et dans la passion des découvertes.

Voltaire avait beaucoup poussé ses contemporains, depuis vingt ans et plus, vers les sciences naturelles, et il avait eu une grande joie en voyant vérifier par des travaux prodigieux une partie de la théorie de son maître Newton, à savoir : l'assertion de Newton que la terre est un globe non point parfaitement rond, mais aplati vers les deux pôles. — Des savants français, envoyés par l'Académie des sciences, allèrent mesurer trois degrés du méridien terrestre, l'un en Laponie, au delà du cercle polaire du nord, l'autre vers l'équateur, au Pérou, le troisième dans la région de l'extrême sud, au cap de Bonne-Espérance (1735-1750). Les savants qui allèrent au Pérou opérèrent dans une étendue de quatre-vingts lieues, sur les cimes de trente-neuf montagnes, dont plusieurs dépassent le mont Blanc de deux mille mètres. Leurs travaux durèrent dix ans. Il fut prouvé que Newton avait raison. On peut dire que ce temps fut l'âge héroïque de la science expérimentale.

D'autres courageux voyageurs français, en allant observer, aux extrémités de notre globe, deux passages de la planète Vénus sur le disque du soleil, firent connaître approximativement la distance du soleil à la terre. On reconnut aussi, à cinquante lieues près, celle de la lune.

Comme la science des astres, des corps célestes, la science du corps humain était en progrès. Descartes avait cru qu'il n'y avait que de la matière inerte dans tout ce qui ne pense pas ; un jeune médecin de Montpellier, Bordeu, montra qu'il y a dans notre corps autre chose que de la matière inerte, mue mécaniquement par une impulsion du dehors. Il montra qu'il existe dans nos organes une sensibilité, une force, une vie (1742-1743). Avec Bordeu commença la science de la physiologie, et de cette époque datent les grands progrès de la chirurgie française moderne.

Les études et les découvertes se multipliaient aussi sur les êtres vivants qui entourent l'homme, et l'on commençait à tâcher de pénétrer l'histoire mystérieuse de la formation de la terre.

Alors parut le grand historien de la nature.

On voit, sur une hauteur qui domine la petite ville bourguignonne de Montbard, près de la route de Paris à Lyon, une vieille tour au milieu d'un bosquet d'arbres verts. C'est là que naquit Buffon. Sorti, comme Montesquieu, d'une famille de haute magistrature, il résolut, dès sa première jeunesse, de se consacrer tout entier aux sciences, et d'employer sa grande fortune au service de ses recherches et de ses expériences. Il donna soixante années aux paisibles études, autant que Voltaire à la guerre philosophique ; mais c'était aussi, sous une autre forme, la philosophie qu'il servait.

En 1739, à trente-deux ans, il prit la direction du jardin des Plantes, qui n'avait été longtemps que le jardin botanique de la Faculté de médecine; il entreprit d'en faire le musée universel des sciences de la nature et le centre de leur enseignement. Il reste de ce temps, au jardin des Plantes, un monument connu de tout le monde, le grand cèdre du Liban, qui est l'aïeul de tous les cèdres existant aujourd'hui en France, et qu'a planté le célèbre botaniste Bernard de Jussieu, un des principaux collaborateurs de Buffon.

Buffon conçut dès lors le plan d'une histoire générale de la terre et des êtres qui l'habitent. On peut dire que c'était plus hardi que toutes les audaces de Voltaire. Un historien, d'ordinaire, rassemble et raconte des faits déjà plus ou moins connus ; Buffon avait, pour écrire son histoire, à deviner des faits dont personne n'avait la moindre idée ; car personne n'avait vu les événements de la nature antérieurs à la venue de l'homme sur la terre, ni étudié, comme on l'a fait depuis Buffon, les traces de ces événements, les roches, dont la formation successive a composé l'écorce du globe.

Il publia, en 1749, les premiers volumes de l'*Histoire naturelle*. La majesté de son style était digne, comme on l'a dit, de la majesté de la nature ; la grandeur de son langage, qui l'égalait, comme écrivain, à Bossuet, lui venait tout entière de la grandeur de sa pensée. Dans la première partie de l'*Histoire naturelle*, complétée, beaucoup plus tard, par un magnifique ouvrage qui a été le dernier mot de l'auteur, les *Époques de la nature* (1778), Buffon montre la terre d'abord à l'état de masse en fusion ardente ; puis la chaleur diminuant ; les montagnes primitives s'élevant ; les vapeurs, qui flottaient autour du globe comme un océan aérien, retombant et couvrant la terre d'une mer universelle ; les premiers êtres vivants apparaissant dans les eaux. Le refroidissement continue ; d'immenses cavernes s'affaissent, engloutissent une partie de l'océan universel, et les continents émergent du sein des eaux. Les premières montagnes avaient été formées par l'action du feu ; des montagnes nouvelles sont formées par l'action de la mer, qui envahit et abandonne alternativement les diverses parties de la surface du globe. Les mouvements de la mer amènent peu à peu la terre à sa figure actuelle. La vie se développe de plus en plus. Le grand et dernier ouvrage de la création, l'homme, paraît enfin, et la première société humaine s'organise sur les plateaux de l'Asie centrale.

On est saisi d'admiration en contemplant ces tableaux inouïs que Buffon déroule devant ses lecteurs ; on dirait que le Créateur l'a rendu témoin de ces révolutions qu'aucun œil humain n'a vues.

La science moderne, chose inévitable, a redressé, sur certains points, les vues de Buffon ; mais les grandes lignes de sa théorie subsistent ; il a deviné, avec une pénétration prodigieuse, nombre de lois de la nature, dont les patients travaux de ses successeurs ont, depuis, trouvé les preuves. Toutes les sciences naturelles modernes ont procédé de Buffon, comme toute la philosophie a procédé de Descartes.

Buffon a tenté de saisir, non pas seulement la succession des effets généraux de la nature, mais les causes de ces effets. L'entreprise était plus téméraire, et ne pouvait pas être aussi heureuse. Pourtant, là encore, il a légué une idée sublime à la philosophie de la nature : c'est qu'il y a un type commun pour tous les êtres, une forme et une composition organique essentielle, dont les formes des êtres divers ne sont que les développements inégaux et indéfiniment modifiés. En d'autres termes, le Créateur a eu un plan unique pour la formation des êtres organisés.

Mais y a-t-il un Créateur pour Buffon ? Cela est plus que douteux. Il ne paraît pas distinguer le Créateur de la création, et semble n'avoir d'autre Dieu que la Nature, considérée comme une puissance universelle qui ne crée rien, n'anéantit rien, mais change et renouvelle tout incessamment ; une puissance aveugle, qui n'a pas conscience de ce qu'elle fait. Au contraire de Voltaire, Buffon ne croit pas au Dieu conscient, volontaire et libre, et croit à l'âme spirituelle et impérissable de l'homme. Il voit bien que, sur ce point, rien n'a pu sérieusement ébranler la philosophie de Descartes.

Voltaire et Buffon séparent ainsi les deux vérités premières que la conscience du genre humain a naturellement réunies : Dieu, et l'âme immortelle.

L'absence du Dieu vivant jette comme une sorte de froid à travers les splendides conceptions de Buffon ; l'on sent que l'amour en est absent.

La nature, à l'étude de laquelle Buffon s'était donné tout entier, devint, vers le milieu du dix-huitième siècle, le mot d'ordre de toute une nombreuse, active et bruyante école philosophique, à la tête de laquelle se mit un homme d'un vrai génie, Diderot.

Fils d'un artisan, d'un coutelier de Langres, Diderot offrait en tout un parfait contraste avec Buffon. Pauvre, vivant de son travail, et trouvant encore moyen de prodiguer ses idées et son temps aux autres ; aussi remuant, aussi agressif, aussi impétueux, aussi fantasque que Buffon était solennel et réservé, on peut tantôt l'approuver, tantôt le blâmer, mais on l'aime toujours, dès qu'on a vu le beau buste où le sculpteur Houdon a représenté cette figure si vivante et si ouverte, avec son large front et son œil chercheur, le nez au vent et la bouche si bonne. Voltaire l'appelait le *pantophile*, c'est-à-dire celui qui aime tout. En effet, il s'intéressait à tout, étudiait tout, se donnait à tout, hommes et choses.

Aussi propre à relier et à diriger des esprits divers dans une œuvre commune que Buffon l'était au développement d'une grande conception solitaire, Diderot conçut la pensée d'exposer, dans un vaste recueil écrit par de nombreux collaborateurs, la totalité des connaissances humaines, au point où elles étaient arrivées par les progrès accomplis depuis le commencement de l'ère moderne. Il s'associa, pour diriger cette grande entreprise, un homme qui s'était illustré par de belles découvertes et par des ouvrages importants sur les sciences mathématiques, d'Alembert.

D'Alembert composa le *Discours préliminaire de l'Encyclopédie*, très-beau morceau, où il s'exprime avec justesse et clarté sur les principes de la philosophie (1750). Il y établit que l'homme a deux moyens de parvenir à la connaissance de la vérité : 1° la raison ; 2° le sentiment ou la conscience. C'était réunir la pensée de Descartes et celle de Pascal. Malheureusement, après avoir si bien posé leur base, les fondateurs de l'*Encyclopédie* n'y bâtirent pas, et d'Alembert n'arriva qu'au doute en toute chose, et Diderot à un *naturalisme* confus.

Diderot n'en fit pas moins, dans l'*Encyclopédie*, d'immenses et admirables travaux. Il avait appris quasi tous les métiers pour pouvoir décrire toutes les branches de l'industrie humaine ; il est le premier historien des classes ouvrières, et leur a élevé un monument en dressant le tableau de tous les procédés industriels qui étaient le résultat des efforts et des peines de tant de générations oubliées. Il paya cette dette de reconnaissance de la civilisation envers le travail manuel, à la veille des grandes inventions qui devaient changer les conditions de l'industrie et en décupler la puissance. A partir de 1765, l'Écossais James Watt, perfectionnant les découvertes de deux Français, Salomon de Caus et Denis Papin, allait appliquer la vapeur aux machines et commencer une prodigieuse révolution industrielle.

Une foule d'esprits indépendants, unis par le désir du progrès, mais ayant entre eux des nuances diverses, coopéraient au recueil encyclopédique. Quoique les directeurs n'y exprimassent point toute leur pensée, le clergé d'abord, puis le Parlement, s'attaquèrent à l'*Encyclopédie*. La publication fut par deux fois suspendue ; mais l'opinion soutenait les encyclopédistes ; Voltaire employait toute sa popularité en leur faveur, et une partie des hommes en place étaient pour eux. Le directeur même de la censure, Malesherbes, cacha chez lui les papiers de Diderot, dans un moment où celui-ci était menacé d'une perquisition. Le gouvernement ne sut ni prohiber ni autoriser franchement l'achèvement de l'ouvrage. Il en laissa terminer clandestinement l'impression, puis saisit les exemplaires, puis les relâcha en partie. En cela, comme en tant d'autres choses, ce gouvernement décrépit ne savait plus ni ce qu'il voulait ni ce qu'il faisait (1751-1765).

Diderot et ses amis étaient plus hardis en dehors de l'œuvre collective de l'*Encyclopédie*. C'est dans d'autres ouvrages que Diderot exprime l'idée que tout est plein de molécules, de petites masses de matière ayant toujours existé et agissant toujours d'elles-mêmes ; que leur collection forme le monde, et que le monde est Dieu : étrange Dieu, qui serait un composé et une collection, au lieu d'être une cause créatrice. C'est là ce qu'on appelle le panthéisme naturaliste ; c'est-à-dire : la doctrine suivant laquelle Dieu est tout et tout est Dieu, la nature et Dieu étant une seule et même chose.

Diderot avait commencé par être déiste. Il avait même dit un beau mot : « Élargissez Dieu ! » c'est-à-dire : « Faites-vous de Dieu une idée plus grande. » Il était bien loin alors de nier Dieu. Il sembla revenir plusieurs fois sur ses pas, et ne fut jamais bien sûr de sa propre pensée.

C'est un homme qu'il faut juger sur ses sentiments bien plus que sur ses idées. Ses idées se contredisaient les unes les autres ; ses sentiments étaient grands et généreux. Écrivain parfois exagéré et emphatique, parfois très-naturel et très-simple, souvent éloquent, toujours plein d'imagination et de feu, il répandait partout son influence, dans les sciences, dans la littérature, dans les beaux-arts. C'est lui qui a introduit sur notre théâtre le drame bourgeois et populaire à côté de la tragédie et de la comédie.

Parmi ses variations et ses erreurs, il resta toujours inébranlable dans son amour de l'humanité et dans sa foi au progrès.

En niant le Dieu créateur, il avait dépassé Voltaire. Il fut dépassé à son tour. Par une de ses nombreuses inconséquences, après avoir nié le libre arbitre, la liberté morale de l'homme, il voulut défendre la vertu, les sentiments désintéressés, le principe de la justice, lorsqu'un autre philosophe, Helvétius, tira, dans un livre intitulé *De l'Esprit* (1758), les dernières conséquences de l'opinion suivant laquelle l'homme n'est que matière, à savoir : qu'un être matériel ne peut avoir d'autre but que le plaisir des sens ; qu'il n'y a ni droit ni devoir, et que notre intérêt est le seul principe de nos actions.

C'était d'autant plus grave, qu'Helvétius n'avait été conduit à ce système que par le raisonnement. Loin d'être personnellement un égoïste, c'était un excellent homme, très-bienfaisant, et qui, fort riche, épousa une jeune personne de mérite qui n'avait rien.

Diderot, comme Voltaire, repoussa en vain cette théorie de l'intérêt et de l'égoïsme. S'il n'y a point de Dieu, c'est-à-dire de cause première intelligente, ni d'avenir pour l'homme et de perfectibilité au delà de ce monde-ci, il n'existe point de loi morale ni de principe quelconque, pour un être qui n'est pas une personne réelle et qui n'est qu'un composé périssable d'organes réunis par une force aveugle et prêts à se dissoudre demain.

Voilà où aboutissent, un peu après le milieu du dix-huitième siècle, tant de généreux efforts et d'œuvres éclatantes! Les anciennes croyances sont ruinées; la philosophie, au lieu de les remplacer, va au néant. L'enthousiasme de la nature et de l'humanité ne suffit pas à remplacer Dieu et l'immortalité. Cet enthousiasme sera bientôt desséché par la doctrine de l'égoïsme et de l'intérêt, et le puissant mouvement du dix-huitième siècle avortera, si quelque grande nouveauté ne vient rouvrir aux âmes une autre voie.

II

Un peu avant le milieu du dix-huitième siècle, un jeune homme avait paru annoncer ce génie nouveau qu'attendait la philosophie pour rectifier et compléter Voltaire, et pour suppléer à Montesquieu, absorbé dans la politique. C'était un officier, appelé Vauvenargues, qui avait commencé d'écrire des études morales du caractère le plus élevé et le plus pur. Il y associait, comme d'Alembert dans le *Discours préliminaire de l'Encyclopédie*, le principe du sentiment à celui de la raison; mais ce n'était pas, ainsi que d'Alembert, pour n'en point tirer les conséquences. Il mettait même le sentiment, la conscience, au-dessus du raisonnement. « Les grandes pensées, » disait-il, « viennent du cœur. C'est l'âme qui forme l'esprit. » Ses tendances allaient à une haute philosophie religieuse. Ce jeune homme inconnu inspirait à Voltaire, beaucoup plus âgé que lui et depuis longtemps illustre, une sorte de respect avec une vive affection, et semblait devoir exercer sur lui une influence salutaire. « Si vous étiez né quelques années plus tôt, » lui dit un jour Voltaire, « mes ouvrages en vaudraient mieux. »

Malheureusement, après de longues souffrances contractées à la guerre et supportées avec une résignation et une douceur admirables, il mourut à trente-deux ans (1747), en disant « qu'il retournait avec confiance vers Celui qui lui avait donné la vie. »

Le grand génie qui parut après lui, et qui fit ce que Vauvenargues n'avait pu faire, n'eut pas sa sérénité ni son équilibre moral, et fut le rival et non l'ami de Voltaire.

Lorsque mourut Vauvenargues, Jean-Jacques Rousseau était depuis quelques années à Paris, inconnu des autres et de lui-même, et ne pressentant pas sa destinée.

Jean-Jacques Rousseau, fils d'artisan, comme Diderot, était né en 1712, hors du royaume de France, dans la capitale du protestantisme français, à Genève. Le dur régime et les croyances rigoureuses de Calvin s'étaient depuis longtemps relâchés à Genève; l'esprit protestant y tournait à un christianisme rationnel. Le père de Rousseau, quoique vivant du travail manuel, avait l'esprit cultivé, et donna à son fils, tout enfant, le goût de lire, mais sans savoir diriger ses lectures ni son éducation. Rousseau se forma lui-même, au hasard, par les romans et par l'histoire ancienne mêlés avec la tradition protestante. Les romans l'habituèrent à se livrer à son imagination et à ne pas voir la vie telle qu'elle est. Les *Vies des grands hommes*, de Plutarque, lui inspirèrent l'amour de l'antiquité et des choses héroïques; la tradition protestante le préserva de l'incrédulité où tombaient la plupart des philosophes nés dans le catholicisme. Mais, si le sentiment se développa puissamment chez lui, la volonté, dominée par l'imagination et par la rêverie, resta faible et flottante, et ce ne fut qu'au prix de terribles efforts que son caractère finit par se raffermir dans l'âge mûr. On a bien l'impression de ces combats quand on regarde ses grands yeux si pénétrants et si doux, sa belle physionomie dont le sourire est si mélancolique, telle que l'a représentée le peintre Delatour.

Des mains d'un père qui n'avait pas su l'élever, il tomba, à seize ans, dans celles d'une femme qui, avec des qualités charmantes d'esprit et de cœur, avait une vie irrégulière et des idées fausses, et qui n'était pas capable de le mettre dans une voie meilleure.

Il passa par les plus basses conditions et par les plus dangereuses épreuves ; les erreurs et les fautes de son adolescence et de sa première jeunesse faillirent le dégrader et le perdre. Le sentiment poétique et romanesque qu'il gardait toujours au fond de l'âme le préserva du vice et de la bassesse. Il mena longtemps une vie errante, peu soucieux de la misère, pourvu qu'il pût vaguer sous le soleil, à travers les forêts et les monts. La nature était pour lui un objet, non de recherches scientifiques comme pour ses contemporains, mais de rêveuse passion.

Ce fut en courant à pied à travers les campagnes, et en comparant la condition malheureuse et opprimée du paysan français à celle du paysan suisse, qu'un premier germe de haine entra dans son cœur contre le régime qui pesait sur la France, et, avec la haine de notre monarchie arbitraire, il conçut pour la nation française une sympathie à laquelle il fut toujours fidèle.

Il s'établit à Paris en 1741. Il y contracta bientôt, avec une créature vulgaire et, à tous égards, indigne de lui, une liaison qui devint un mariage de fait, et qui exerça une fâcheuse influence sur toute son existence. Il ne réussit pas à se créer une position comme compositeur de musique. L'indigence pesait sur son triste ménage. Des enfants lui naquirent. Il les mit à l'hôpital. C'est lui-même qui l'a raconté dans ses fameuses *Confessions*, où il a révélé toutes ses fautes, comme la seule expiation qu'il pût s'infliger.

Rousseau avait essayé de tout, sans réussir à rien. Avec une extrême vivacité d'imagination, il n'avait pas autant de facilité à exprimer sa pensée que de promptitude à la concevoir. Il ne se croyait pas propre à l'art d'écrire. Cependant, sa tête était pleine, et l'on peut dire que les idées l'étouffaient. Un jour, il eut connaissance d'une question mise au concours par une société littéraire de Dijon :

« Le rétablissement des sciences et des arts a-t-il contribué à épurer les mœurs ? »

Ce fut comme l'étincelle qui met le feu à une mine chargée. Rousseau éclata. Tout ce qui s'agitait dans son esprit de pensées tumultueuses prit forme; toutes les amertumes de son cœur débordèrent. Il écrivit rapidement le *Discours sur les sciences*, qui ouvrit sa carrière (1749).

Il avait trente-sept ans.

Il avait eu d'abord quelque hésitation, tant il sentait qu'il allait heurter d'hommes et de choses! Il était lié avec Diderot. Quoique les idées qu'il allait lancer dans le monde fussent opposées à celles de Diderot, celui-ci l'encouragea à aller jusqu'au bout, sans ménagement et sans réserve.

Le *Discours sur les sciences* fut suivi du *Discours sur l'inégalité* (1753). Ces deux pièces extraordinaires s'appuient l'une l'autre, et développent, sous deux aspects différents, une même pensée. Tous les philosophes ne parlaient que de lumières, de progrès, de perfectionnement de la société. Rousseau, lui, dans son premier Discours, condamne les sciences; dans le second, il condamne la société même. Il prétend que les sciences et les arts ont corrompu le genre humain. Il regrette la simplicité des peuples primitifs, puis même l'état sauvage, sans éducation ni progrès; il regrette que le genre humain ait jamais établi la société, la propriété, l'inégalité.

La réaction de Rousseau contre les philosophes de son temps est quelque chose de pareil à la réaction de Pascal contre Descartes au siècle précédent. Il ne faut pas prendre ses exagérations au pied de la lettre. Ses conclusions, et surtout les commentaires qu'il a écrits pour défendre ses deux Discours, sont moins outrés que ses premières assertions. Il avoue que, d'après la nature même de l'homme, l'état sauvage n'a pu durer, et que la société et la propriété, une fois établies, ne peuvent plus être supprimées. Il reconnaît bien que les sciences et les lumières ne sont pas mauvaises en elles-mêmes. Il dit que la corruption et l'injustice régnantes pourraient être corrigées « par quelque grande révolution, presque aussi à craindre, » ajoute-t-il, « que le mal qu'elle pourrait guérir, et qu'il est blâmable de désirer et impossible de prévoir. »

Le vrai sens de son attaque paradoxale contre la civilisation est celui-ci :

C'est un grand mal que le progrès moral n'ait pas marché du même pas que le progrès intellectuel et matériel, et qu'on préfère les talents aux vertus.

Il proteste contre le progrès, parce que le progrès, prétend-il, a abouti à séparer l'homme de la nature et de Dieu.

La vraie philosophie, dit-il, c'est de rentrer en soi-même. Et il attaque à la fois les philosophes contemporains au nom de la morale religieuse, et les théologiens catholiques au nom de l'Évangile .Il condamne avec sévérité les mœurs galantes de son temps, tolérées par les philosophes, et qui dissolvent le mariage et la famille.

Si les atteintes portées par les philosophes aux croyances religieuses fondamentales étaient dangereuses, les attaques de Rousseau contre les lumières et les sciences avaient aussi leurs périls, et, dans cette « grande révolution » qu'il indiquait de loin, mais n'osait appeler, des esprits grossiers et farouches pouvaient s'en autoriser pour proscrire, comme il arriva, d'illustres représentants de la science.

Les écrivains en renom ne savaient point alors que leur parole devait un jour se traduire en action et ne connaissaient pas la grandeur de leur responsabilité.

Le langage de Rousseau différait, autant que sa pensée, de tout ce qu'on avait entendu jusque-là. Ce n'était plus le trait aiguisé et acéré de Montesquieu, ni la phrase alerte et charmante de Voltaire; c'était un style ample et fort, majestueux et sévère, plein d'une mâle harmonie qui résonnait comme un chant de guerre, mais dont l'enthousiasme s'emportait parfois jusqu'à la déclamation, et dont la grandeur s'exagérait jusqu'à l'emphase.

Rousseau, par l'accent austère et profond de sa parole, rapprit aux hommes à se prendre au sérieux, ce qu'ils oubliaient trop avec Voltaire; mais, en réprimant la légèreté de son temps, il tomba dans l'excès contraire, et lui et Diderot, si différents d'ailleurs, firent naître chez leurs imitateurs, plus capables d'outrer leurs défauts que de reproduire leurs grandes qualités, des habitudes d'exagération et de déclamation qui eurent dans la Révolution de très-nuisibles conséquences et passèrent des paroles dans les actes.

Les paroles de Rousseau eurent de telles suites, en bien et en mal, qu'il importe d'en signaler les effets à mesure que se développa son œuvre.

L'effet immédiat des deux *Discours* sur le public ne fut que de l'étonnement. Cela était si loin de toutes les habitudes et de toutes les idées, que Rousseau sembla un être venu d'un autre monde. Cette contradiction violente, qui plaisait à Diderot, sympathique à toutes les choses extraordinaires, heurta et irrita Voltaire. Il prit en aversion ce *barbare* éloquent, comme il l'appela, qui faisait la guerre à la civilisation, et l'opposition s'établit entre ces deux hommes, qui représentaient chacun une moitié de la vérité.

Rousseau continua sa route.

Il avait dit : « Il faut que l'homme rentre en lui-même. — Connais-toi toi-même ! » C'est le mot qu'avaient déjà dit Socrate chez les anciens et Descartes chez les modernes ; et c'est là toute la sagesse.

Rousseau résolut de conformer sa conduite à ses idées. Il renonça à toute chance de fortune, adopta un costume d'une extrême simplicité, en dehors des modes luxueuses du temps, et s'assura un gagne-pain en se faisant copiste de musique. Il ne voulait pas chercher ses moyens d'existence dans la littérature, parce qu'il ne voulait dépendre ni des libraires ni du public, ni faire aucun sacrifice au succès. Il pensait avoir tout le monde contre lui, en continuant de combattre à la fois et les pouvoirs ecclésiastique et monarchique, et la philosophie régnante.

Durant un séjour en Piémont, on lui avait fait, à seize ans, embrasser la religion catholique. Il alla, en 1754, à Genève, abjurer le catholicisme et reprendre le culte protestant de ses pères, entendant, non pas retourner aux doctrines de Calvin, mais relier le christianisme à la philosophie.

Il publia, vers ce temps, un beau livre, l'*Essai sur l'origine des langues*, où, au lieu de maudire la société, comme il l'avait fait dans ses *Discours*, il en recherche les origines et en fait apparaître les premiers jours avec une divination merveilleuse. Il montre qu'au commencement, la parole, la poésie, la musique, l'expression des sentiments, des idées et des formes par le geste, ne faisaient qu'un. Les langues primitives étaient chantées, et c'est le geste qui a donné naissance au dessin et à la sculpture. Rousseau continue de préférer, dans ce livre, la poétique existence des tribus pastorales du vieil Orient à la civilisation moderne; mais il ne parle plus de la vie sauvage, qui n'est que la vie animale, hors de laquelle l'homme était naturellement entraîné par le principe de perfectibilité qui est en lui, comme le reconnaît Rousseau.

Il acheva sa réforme personnelle en quittant la vie de Paris pour se retirer à l'entrée de la forêt de Montmorency (1756).

Il s'était cru plus fort qu'il n'était. Les agitations de son cœur troublèrent les méditations de son esprit. Avec une nature passionnée, il n'avait point eu, dans sa jeunesse, de passion sérieuse, et un vague besoin d'amour tourmentait son âge mûr. Le premier livre que lui inspira la solitude fut un roman : *Julie ou la Nouvelle Héloïse*. Il le commença sans autre but que de donner corps, pour ainsi dire, aux rêves passionnés qui l'obsédaient; puis il s'efforça de donner à son œuvre une conclusion morale, sans pouvoir imprimer une véritable unité à l'ouvrage.

Malheureusement pour lui, la réalité se mêla au roman. Il s'éprit d'une des femmes les plus aimables de cette brillante société parisienne qu'il avait quittée, mais qui venait le chercher au fond de son ermitage. Elle avait au cœur un autre attachement, et cet amour ne fut pour Rousseau qu'une source de douleurs. Il en résulta des incidents qui le brouillèrent avec Diderot et tout le groupe des amis de Diderot, restés jusqu'alors les siens malgré la différence des opinions. Il quitta sa retraite de Montmorency, au cœur de l'hiver, malade, accablé de chagrin, et comme écrasé sous sa destinée.

Il se releva avec courage, et, bientôt, avec un éclat immense.

Son roman, publié dans l'hiver de 1760 à 1761, eut un succès inouï. La passion parlait là un langage inconnu au dix-huitième siècle et à toute la littérature moderne. Toutes les âmes furent remuées à fond. Toutes les femmes furent désormais du parti de Rousseau. Par lui, le sérieux rentra dans l'amour, comme il était rentré dans la morale. Un an après (1762), parurent deux grandes œuvres, l'une philosophique, l'autre politique, qu'il préparait depuis longtemps, et sur lesquelles, depuis ses malheureuses amours, il avait concentré tout son génie, rentré en possession de lui-même par l'effort suprême de sa volonté.

C'étaient l'*Émile* et le *Contrat social.*

Rousseau savait bien qu'on ne peut pas, comme plus d'un penseur de nos jours l'imagine, changer la société rien qu'en changeant les lois. Il savait qu'on ne peut changer la société qu'en changeant l'homme, l'individu, et qu'on ne peut changer l'homme que par l'éducation.

L'*Émile* est donc un traité d'éducation ; un traité conçu dans un but idéal et général, et non une méthode praticable partout et pour chacun.

Le plan de l'*Émile* est celui de l'éducation particulière. Il écrit pour la France, et l'éducation publique ne saurait, dit-il, exister dans les monarchies.

Rousseau commence, avec la plus émouvante éloquence, par rappeler les mères à leur premier devoir, celui d'allaiter leurs enfants, que, dans les classes moyennes comme dans les hautes classes, elles abandonnaient partout à des nourrices mercenaires.

Il suit, après, l'enfant à partir du premier âge, se montre là bien éloigné de l'exagération de ses deux premiers *Discours*, et dirige son élève imaginaire, *Émile*, d'après les plus saines notions morales et sociales. Il initie l'enfant à la notion du droit par l'idée de la propriété fondée originairement sur le travail, et par l'idée des engagements, des conventions libres. A l'idée de la propriété il associe l'idée du devoir d'assister les pauvres.

Il veut que l'on fortifie le corps avant de développer l'esprit, puis que les études portent d'abord sur les phénomènes de la nature, ensuite sur les arts industriels. Il faut que chaque enfant, fût il riche, apprenne un métier, et soit capable de suffire à son existence. « Il vous est impossible, » dit-il à ses contemporains, « de prévoir ni de prévenir la révolution qui peut regarder vos enfants. Nous approchons de l'état de crise et du siècle des révolutions. Je tiens pour impossible que les grandes monarchies de l'Europe aient encore longtemps à durer. »

En 1749, Rousseau avait dit qu'on ne pouvait pas plus prévoir qu'on ne devait désirer une révolution. Mais la décadence de la monarchie s'était bien précipitée depuis treize ans !

Lorsque son élève arrive à l'âge des passions, rien n'est plus sage que les préceptes de Rousseau ; il se montre également éloigné des opinions qui prétendent qu'on étouffe, au lieu de les régler, les passions naturelles et légitimes, et de celles qui approuvent que l'homme se livre à des passions fausses et factices, nées des déréglements de notre imagination. Il fait voir que le vrai bien, pour l'homme, n'est pas dans l'isolement et dans l'indépendance de tout attachement à autrui, comme l'avaient prétendu d'anciens philosophes, mais, au contraire, dans les attachements légitimes, surtout dans l'union de l'homme et de la femme.

Et il fait ressortir l'importance de conserver, en vue de cette union, la pureté des mœurs jusqu'à une époque avancée de la jeunesse. C'est au moment où la nature éveille les passions chez son élève, qu'afin de l'armer contre l'entraînement des sens, il l'initie à toutes les connaissances supérieures, à l'histoire, à la poésie, aux beaux-arts, à la philosophie, et, enfin, à ce qui est la source de tout et la raison de tout, à Dieu et à l'immortalité de l'âme.

Ce plan idéal ne peut pas être suivi exactement dans la pratique ; car, même dans une éducation particulière, l'enfant ne peut pas être tout à fait séparé du monde, et il n'est pas possible que, jusqu'à l'âge de seize ou dix-huit ans, il n'entende point du tout parler de Dieu. Il faut donc, pour qu'il ne s'en fasse point d'idée déraisonnable, que son maître lui en parle de bonne heure.

C'est là que se trouve l'exposé des idées religieuses de Rousseau, intitulé : la *Profession de foi du Vicaire savoyard*. Il lui donne ce titre par reconnaissance pour un pauvre prêtre interdit, qui, dans sa première jeunesse, lui avait enseigné des principes de philosophie religieuse, toujours conservés à travers sa vie errante et agitée.

La *Profession de foi du Vicaire savoyard* est un des monuments impérissables de la pensée humaine. Il n'avait rien paru de si grand depuis Descartes.

Descartes avait voulu fonder la croyance humaine uniquement sur la raison pure, et il n'y avait pas réussi. Pascal avait protesté contre Descartes ; mais, au lieu de rectifier la philosophie de Descartes en complétant la raison par le sentiment, il s'était perdu par l'esprit de secte, opposé à toute philosophie. Rousseau fait ce que n'avait pas su faire Pascal. Il prend pour guide, au lieu du raisonnement, comme a fait Descartes, le sentiment, la conscience associée à l'impression que font sur nous les objets extérieurs, et suit jusqu'au bout cette route, qui est à la portée de tous les hommes et non pas seulement des savants, comme celle de Descartes.

Il reconnaît en lui-même un principe actif, que les impressions qui nous viennent des objets extérieurs excitent à penser et à agir. Il reconnaît que toute action, tout mouvement doit provenir de la volonté d'un être libre; les mouvements de l'homme doivent provenir de la volonté de l'homme; les mouvements de l'univers matériel, de la volonté d'un être universel supérieur à la matière. Il reconnaît que l'homme, être intelligent qui ne s'est pas fait lui-même, doit être l'ouvrage, non d'une force aveugle, mais d'un être intelligent, car une force aveugle, qui ne pense pas, ne saurait produire des êtres qui pensent.

Le mal qui est sur la terre ne vient pas de Dieu, mais de l'homme. L'homme est libre ; il peut choisir, il peut errer.

Il faut compléter ce qu'il dit ensuite de l'immortalité de l'âme par une lettre qu'il avait écrite à Voltaire en 1756, au moment où Voltaire abandonnait sa croyance: que *tout est bien* ici-bas, sans rien trouver à mettre à la place. Rousseau lui dit que l'idée que *tout est bien* est juste, appliquée à l'ordre total de l'univers et à la durée totale de chaque être, mais non à un court moment de cette durée, tel que la vie humaine. « La question de la Providence, poursuit-il, tient à celle de l'immortalité de l'âme et à celle de l'éternité des peines, que ni vous, ni moi, ni jamais homme pensant bien de Dieu, ne croirons jamais. Si Dieu existe, il est juste; s'il est juste, mon âme est immortelle. »

Et il ajoute que ce n'est pas le raisonnement, mais le sentiment, la conscience, qui nous assure de Dieu et de l'âme immortelle.

Voici la conclusion morale de la *Profession de foi du Vicaire savoyard:*

« Les vérités essentielles (Dieu et l'immortalité de l'âme) ainsi déduites de l'impression des objets sensibles et du sentiment intérieur, reste à chercher quelles maximes j'en dois tirer pour remplir ma destination sur la terre, selon l'intention de Celui qui m'y a placé. Ces règles, je les trouve au fond de mon cœur, écrites par la nature. Nous croyons suivre l'impulsion de la nature, et nous lui résistons : en écoutant ce qu'elle dit à nos sens, nous méprisons ce qu'elle dit à nos cœurs.

« Il est, au fond des âmes, un principe inné de justice et de vertu : je l'appelle conscience. Les sens nous égarent; la raison même nous trompe ; la conscience ne nous trompe jamais. »

La morale de l'intérêt, poursuit-il, est contre nature : nous sommes naturellement remplis de sentiments tout à fait étrangers à l'intérêt matériel, de sentiments qui nous emportent soit vers nos semblables, soit vers l'idéal sous tous ses aspects. Il n'est pas vrai que la morale varie du tout au tout suivant les temps et les lieux : ses principes essentiels sont les mêmes partout, à travers la diversité des coutumes. Les sentiments naturels parlent pour l'intérêt commun; on ne peut établir la vertu par la raison seule.

Le méchant (c'est-à-dire celui qui n'écoute pas la conscience) rapporte tout à lui et se fait centre de toutes choses ; le bon se gouverne par rapport au tout, au centre commun, qui est Dieu, et aux créatures. Si la Divinité n'est pas, s'il n'y a pas de centre, le méchant a raison et le bon est insensé.

La religion naturelle, c'est-à-dire résultant de la nature morale de l'homme, suffit, suivant Rousseau, pour le salut de l'âme humaine. « Si l'on n'eût écouté que ce que Dieu dit au cœur de l'homme, il n'y aurait jamais eu qu'une religion sur la terre; Dieu veut être adoré en esprit et en vérité ; l'essentiel est là. » Il rejette ce qu'on appelle *la preuve par les miracles*, et l'autorité absolue de la lettre des livres saints, ainsi que l'autorité infaillible de l'Église. Il élève cependant l'Évangile et Jésus-Christ au-dessus de tous les livres et de tous les hommes, et admet, sur les preuves morales, que l'esprit de Dieu a été en Jésus-Christ. Il distingue entre le christianisme de Jésus et celui de saint Paul, qui n'avait pas connu Jésus.

Le dernier mot de Rousseau est donc ce qu'on peut appeler le déisme chrétien, qui fait aboutir le christianisme à une philosophie religieuse reconnaissant le gouvernement de la Providence sur la terre et la mission de Jésus-Christ.

Et il termine par ces paroles:

« Ce qui importe à l'homme est de remplir ses devoirs sur la terre, et c'est en s'oubliant qu'on travaille pour soi. L'intérêt particulier nous trompe; il n'y a que l'espoir du juste qui ne trompe point! »

La religion de Rousseau n'est pas complète. Les grands docteurs des premiers siècles chrétiens, les Pères, comme on les nomme, avaient eu sur la Divinité des idées profondes que Rousseau a méconnues, et il y a aussi, dans les anciennes religions et les anciennes philosophies, de grandes vues sur la destinée de l'homme qu'il ne s'est pas appropriées. Les deux croyances fondamentales de Dieu et de l'immortalité ont bien des conséquences qu'il n'a point développées.

Mais, si sa religion n'est pas complète, elle est vraie ; elle suffisait à rendre à l'homme le point d'appui moral qu'il perdait avec les autres philosophes de ce temps.

La dernière partie de l'*Émile*, intitulée *Sophie*, est consacrée à l'éducation de la femme. Rousseau applique ses idées successivement aux deux sexes, et cette dernière partie est excellente. Il repousse à la fois l'opinion erronée qui considère la femme comme inférieure à l'homme, et l'autre erreur qui prétend appeler la femme aux mêmes fonctions que l'homme. Il montre l'égalité morale des deux sexes, et la diversité des fonctions auxquelles ils sont destinés.

Il pose en principe que toute fille doit être élevée par sa mère. « Une des raisons, » dit-il, « pour lesquelles, en général, les mœurs sont meilleures dans les pays protestants, c'est qu'on n'y connaît pas l'éducation des couvents. »

Il veut un changement total dans les mœurs françaises, à savoir : que les filles jouissent d'une grande liberté, et que les femmes mariées vivent dans leur intérieur; que la fille se marie, au lieu d'être mariée par ses parents; qu'elle les consulte, mais qu'elle fasse son choix; que le mariage se fonde sur les convenances naturelles, et non sur des convenances factices. Personne n'a mieux parlé que lui des moyens d'assurer le bonheur domestique, autant que le permet l'imperfection humaine.

En arrivant à ce qui regarde le mariage, il établit que le jeune homme doit être citoyen avant d'être mari et père. « Il ne dépend pas toujours de nous d'exercer les droits et de remplir les devoirs du citoyen; mais rien ne peut nous dispenser de les connaître : quand nous n'avons plus de patrie, de patrie libre, il nous reste au moins un pays; LE PAYS PEUT REDEVENIR LA PATRIE. »

C'était la France libre qu'il annonçait, comme le prophète de la démocratie.

L'autre livre, qui accompagnait l'*Émile*, le *Contrat social*, a pour but d'enseigner ces droits et ces devoirs du citoyen indiqués dans l'*Emile*.

Rousseau montre que, bien que l'homme soit né pour la société, c'est par des conventions libres que la société s'est formée. Il place donc la liberté à l'origine de toute institution sociale; mais il pose ensuite un principe qui n'assure pas à l'individu, dans la société politique, une liberté suffisante. Il dit que chacun doit se donner totalement, avec tous ses droits, à la communauté, à la société. Il admet, à la vérité, que la communauté a le devoir d'être juste. « Prétendre qu'il est permis de sacrifier un innocent au salut de la multitude, est une maxime exécrable, inventée par les tyrans. Le salut public n'est rien si tous les particuliers ne sont en sûreté. »

C'est là une importante réserve, et qui ne permet pas d'imputer à Rousseau la responsabilité du terrible abus qu'on a fait plus tard de la doctrine du salut public.

Cette réserve, toutefois, ne suffit pas. Rousseau ne distingue pas, comme il est nécessaire, les droits de l'homme et les droits du citoyen. L'homme ne doit aliéner à la société qu'une partie de ses droits ; il en a d'autres qu'il doit garder comme individu, et que la société doit respecter chez lui : le droit d'aller et de venir librement, le droit du travail, le droit de propriété, la liberté de conscience, les droits de la famille.

Rousseau se rapproche de cette vérité lorsque, dans un autre ouvrage (*Considérations sur le gouvernement de Pologne*), il établit que, tandis que la majorité des suffrages doit suffire pour les changements de forme politique, il faudrait l'unanimité pour toucher aux lois fondamentales de la société.

Ce n'est pas toutefois encore assez. L'unanimité même des citoyens ne pourrait abolir des droits qui résultent de la nature humaine, la propriété ou la liberté de conscience, par exemple. L'individu qui y renoncerait pour lui-même n'y peut pas renoncer pour ses enfants.

Rousseau établit que la souveraineté n'appartient qu'au peuple en corps, et qu'elle est inaliénable ; que le peuple souverain a toujours le droit de changer les lois qu'il s'est données, et que l'institution du gouvernement n'est pas un contrat entre le peuple souverain et les magistrats qu'il délègue et qu'il peut révoquer. Le gouvernement n'est pas le souverain ; il n'est que le ministre du souverain, qui est la nation.

Il résulte des principes posés par Rousseau que la France monarchique n'avait pas de vraies lois, puisque le souverain, c'est-à-dire la nation, n'y était pas consulté. La France n'était régie que par les décrets d'un magistrat héréditaire qui avait usurpé le pouvoir législatif.

Rousseau considère la liberté du peuple et l'hérédité des chefs comme naturellement incompatibles.

Il va sans dire que, pour un philosophe religieux tel que Rousseau, la souveraineté, dans le sens absolu du mot, n'est qu'en Dieu ; que le peuple souverain doit reconnaître au-dessus de lui les lois universelles de la morale et de la justice, lois qu'il n'a pas faites et qu'il ne peut changer, et que sa souveraineté n'est que le droit de se gouverner comme il l'entend.

Rousseau, trop préoccupé du souvenir des petites républiques de l'antiquité, et insuffisamment revenu de ses préventions contre la civilisation moderne, ne voit pas bien clairement les conditions nécessaires du gouvernement représentatif dans les grands États libres.

Quant à la religion, Rousseau veut que l'État, la république, professe les croyances fondamentales qui procèdent de la conscience humaine, l'existence de Dieu et l'immortalité de l'âme, comme principes de morale sociale sans lesquels l'État ne peut subsister. Au delà de ces principes fondamentaux, chacun peut professer les opinions qu'il lui convient, excepté l'opinion que, « hors de l'Église, il n'y a point de salut, » parce que ceux qui croient à cette maxime sont nécessairement disposés à attenter à la liberté des autres pour leur imposer leurs croyances. Le peuple souverain a le droit de les bannir de la république, ainsi que ceux qui ne souscrivent pas à la profession de foi publique sur Dieu et l'âme immortelle. La peine de mort peut même être prononcée contre quiconque renie cette profession de foi après l'avoir souscrite.

Ceci montre bien quels terribles efforts l'esprit humain avait à faire, pour se débarrasser de ce principe de persécution religieuse qui ravageait le monde chrétien depuis le temps de Constantin et de l'union de l'Église chrétienne et de l'Empire. Voilà l'un des grands fondateurs de la liberté qui admet encore la peine de mort contre ceux qui renient la croyance en Dieu ! Rousseau eût certainement reculé devant l'application de son principe, mais son disciple Robespierre ne recula pas.

Il ne faut pas seulement repousser, dans les idées de Rousseau sur la religion de l'État, le prétendu droit de punir de mort les athées renégats et de bannir les catholiques romains qui soutiennent que « hors de l'Église il n'y a point de salut, » attendu qu'on n'a le droit de punir personne pour des opinions, tant qu'il n'en résulte pas des actes condamnables. Il y a plus. L'État peut et doit s'inspirer, dans la législation, des principes fondamentaux de la morale religieuse, et les prendre pour base de l'enseignement public ; mais il n'a pas le droit d'imposer en particulier à chaque citoyen une profession de foi quelconque.

Le *Contrat social* est une œuvre plus imparfaite que l'*Émile*, et qui mêle plus d'erreurs dangereuses aux grandes vérités qu'il renferme. Il reste toutefois un des monuments les plus considérables du dix-huitième siècle, et c'est là qu'est expliqué définitivement le vrai principe de la souveraineté politique. C'est surtout le livre de l'égalité, comme l'*Esprit des lois*, de Montesquieu, est le livre de la liberté politique.

La persécution éclata contre Rousseau. La royauté et le clergé se sentirent touchés à fond. Rousseau n'avait voulu prendre aucune des précautions auxquelles recouraient Voltaire et les autres philosophes. Fidèle à la devise qu'il avait adoptée : *Vitam impendere vero* (sacrifier sa vie à la vérité), il ne se cachait pas sous de faux noms, et signait tout ce qu'il écrivait. Un décret de prise de corps fut lancé contre lui ; mais de grands personnages qui lui portaient intérêt obtinrent qu'on le laissât échapper (juin 1762).

Il se retira en Suisse ; les républiques aristocratiques et protestantes de Genève et de Berne, comme la monarchie catholique de France, lancèrent des décrets contre lui. Il ne trouva asile que dans la principauté de Neuchâtel, qui appartenait alors, par héritage, au roi de Prusse.

Il passa de Suisse en Angleterre au commencement de 1766, puis rentra en France l'année d'après, et enfin à Paris en 1770, sans que le décret qui le menaçait fût ni révoqué ni appliqué. Malade et solitaire, il écrivait encore, mais ne publiait plus ; l'opinion publique le protégeait, et le gouvernement était absorbé par d'autres préoccupations. Il put passer ses dernières années dans cette France qu'il aimait, et qu'il appelait « la nation la plus vraie, toute légère et oublieuse qu'elle soit. — Il n'existe plus ni mœurs ni vertus en Europe, » disait-il dans son courroux contre la civilisation moderne ; « mais, s'il existe encore quelque amour pour elles, c'est à Paris qu'on doit le chercher. »

L'*Émile* et le *Contrat social*, et quelques lettres éloquentes qui en furent le complément, produisirent sur le public une impression qui devint de plus en plus profonde, au lieu de s'affaiblir avec les années. Les hommes mêmes qui étaient habitués à dominer le public par leurs idées, les philosophes, furent violemment remués dans des sens différents et opposés. Tous furent envahis, à des degrés divers, par la politique de Rousseau. Sa religion heurta les athées et les poussa, par réaction, à tout nier avec d'autant plus d'emportement ; mais elle ébranla et pénétra Voltaire, qui ne revint pas de ses préventions contre la personne de Rousseau et contre certaines de ses idées, mais qui fut conquis, pour ainsi dire, par le *Vicaire savoyard.* Il retrouvait là le point d'appui moral qu'il avait perdu. A partir de l'*Émile* et du *Contrat social*, une ardeur nouvelle, une noble émulation anime l'infatigable vieillard et lui rend une seconde jeunesse. Jamais sa plume n'a été plus féconde, ni ses inspirations aussi saines.

Il répond au *Contrat social* en publiant les *Idées républicaines*, *par un citoyen de Genève*, où il ajoute aux vues de Rousseau ce grand principe : « La liberté de publier ses pensées est le droit naturel du citoyen. » C'était bien à lui qu'il appartenait d'arborer le drapeau de la liberté de la presse. Il a des inconséquences, des contradictions ; en même temps qu'il parle de liberté et d'égalité, il n'accorde le vote politique qu'aux propriétaires ; néanmoins, si l'on cherche l'ensemble de sa pensée, on reconnaît qu'il n'a cessé de marcher en avant. « Tout ce que je vois, » dit-il dans une lettre du 2 avril 1764, « jette les semences d'une révolution qui arrivera immanquablement, et dont je n'aurai pas le plaisir d'être témoin. Les Français arrivent tard à tout, mais enfin ils arrivent. Les jeunes gens sont bien heureux ; ils verront de belles choses. »

Ces *belles choses*, qui devaient coûter si cher, comme tout grand progrès dans notre pauvre humanité, Voltaire travaillait de son mieux à les amener. Il ne se contentait plus de répandre des idées générales, il réclamait des réformes pratiques et positives : l'abolition de la peine de mort pour vol domestique ; l'abolition de la confiscation des biens des condamnés (cette confiscation n'avait lieu que dans une partie de la France) ; l'abolition des peines contre les hérétiques, et des supplices atroces contre les sacriléges ; l'abolition de la procédure secrète ; l'octroi de l'assistance des avocats aux prévenus de crimes ; indemnité à l'accusé reconnu innocent ; abolition de la vénalité des charges de judicature ; unité de législation ; établissement de juges de paix, comme en Hollande, et du jury, comme en Angleterre ; affranchissement de la société civile de la domination ecclésiastique ; restitution au pur droit civil de tout ce qui regarde les effets civils du mariage, les testaments, les enterrements ; translation des cimetières hors des villes, dans l'intérêt de la santé publique ; introduction des études historiques et mathématiques dans les colléges, où l'on n'enseignait alors que la littérature classique.

Il demande que l'autorité politique ne se mêle plus de faire observer par force le carême et le repos des jours de fête. Il montre que la séparation de corps entre époux, sans faculté de se remarier, est contraire à la morale et au bon ordre.

La plupart des propositions de Voltaire sont aujourd'hui nos lois ; il en est qui ne sont pas encore réalisées, et qui devront l'être. C'est là, sur ce terrain pratique, que Voltaire, à son tour, prend l'avantage sur Rousseau.

En même temps, à côté de Rousseau, il reconnaît nettement la Providence, et que tout ce qui existe dans la nature a un but voulu de Dieu. Il admet la possibilité et exprime l'espérance de l'immortalité de l'âme. Il devient depuis, à mesure qu'il avance vers l'autre vie, plus affirmatif à cet égard. Il reconnaît qu'une religion est nécessaire, pourvu que le culte soit simple et le sacerdoce sans superstitions. « Les lois, » dit-il, « veillent sur les crimes connus, et la religion sur les crimes secrets. »

Il corrige son ancien optimisme en ces termes :

Un jour tout sera bien, voilà notre espérance !
Tout est bien aujourd'hui, voilà l'illusion.

Et il conclut ainsi :

Que tout soit mal ou bien, faisons que tout soit mieux.

Cependant, comme pour ne pas se mettre à la suite de Rousseau, ou pour se faire pardonner sa *religion naturelle* par le parti anti-religieux, tandis qu'il revenait à la philosophie religieuse, il blessait parfois encore les sentiments les plus respectables en attaquant, avec des formes qui ne rappelaient que trop l'auteur de la *Pucelle*, non pas seulement les religions établies, mais Jésus-Christ et l'Évangile.

Il est vrai qu'ailleurs, de même qu'il avait parlé convenablement de Jeanne Darc dans la *Henriade* et dans l'*Essai sur les Mœurs*, il semblait élever la grande victime du Calvaire au-dessus de Socrate. Il faut toujours tenir compte chez lui de l'impression dù moment où il écrit.

Cet homme plein de contrastes étranges pratiquait l'Évangile en fait, pendant qu'il lui faisait la guerre de nom. Il défendait les opprimés avec un ferme courage et un généreux dévouement. Le parlement de Toulouse, qui gardait encore la bigoterie féroce des anciens temps, ayant fait rouer un honnête bourgeois protestant, nommé

Calas, sous l'absurde accusation d'avoir assassiné un de ses fils pour l'empêcher de se faire catholique, Voltaire prit en main la cause de la malheureuse famille Calas, et déjà en butte, comme il l'était, à la haine du clergé, il s'attaqua audacieusement à la magistrature, plus redoutable encore, et souleva si puissamment l'opinion publique qu'il força en quelque sorte le gouvernement de faire réviser le procès et de réhabiliter la mémoire de Calas par un tribunal extraordinaire (1762-1765).

Il poursuivit sa lutte contre les parlements dans plusieurs autres affaires du même genre, sinon toujours avec le même succès, du moins avec le même zèle et la même énergie.

J'ose agir sans rien craindre ainsi que j'ose écrire!

Il avait le droit de se rendre ce fier témoignage.

Le parti qui séparait la foi au progrès de la foi en Dieu et en l'âme humaine soutenait Voltaire dans ses combats pour la justice et pour l'humanité, mais marchait en sens opposé à lui dans la philosophie. Diderot, qui n'eut jamais de système bien arrêté, flottait et variait, tantôt déiste, tantôt athée dans ses écrits ; mais, à côté de lui, un baron allemand, savant et riche, d'Holbach, avait groupé les écrivains hostiles à toute idée religieuse, les organisait, pour ainsi dire, en corps d'armée, et lançait avec eux une foule de livres contre la religion naturelle aussi bien que contre les religions positives. Ces livres étaient imprimés en Hollande et introduits clandestinement en France. Le plus connu est le *Système de la nature*, qui est l'exposé complet de la doctrine matérialiste et athée (1770).

Voltaire réfuta le *Système de la nature*. C'était la première fois qu'il condamnait publiquement une production de ses anciens alliés. Le Grand Frédéric exprima les mêmes opinions que Voltaire.

Celui-ci montre dans sa guerre contre le naturalisme, avec sa vivacité habituelle, une profondeur inaccoutumée. Il se déclare très-énergiquement en faveur des causes finales.

« Je ne vois, dit-il, dans la nature comme dans les arts, que des causes finales. »

Il va plus loin : — « Il n'y a point de nature : il n'y a que de l'art. »

Il veut dire que Dieu est le grand artiste, et le monde, une œuvre d'art ; que la nature n'est point un être, mais un simple nom collectif désignant l'ensemble des êtres créés. C'est la même pensée qui avait inspiré la formule du Grand Architecte de l'univers adoptée par ces francs-maçons auxquels Voltaire s'affilia.

Le parti athée, pendant qu'il attaquait la religion de Rousseau, soutenue par Voltaire, acceptait et exagérait la politique de Rousseau. Déjà, Helvétius, dans sa théorie de l'égoïsme et de l'intérêt, était arrivé à une sorte d'égalité de fait entre les hommes, qui n'était pas l'égalité des droits et des devoirs, comme chez Rousseau, car la morale de l'égoïsme et de l'intérêt n'admet ni droits ni devoirs.

Les livres du parti d'Holbach enchérissent sur Rousseau par leurs cris violents contre le despotisme. Parmi beaucoup de déclamations, ils présentent parfois des vues saines. C'est Diderot qui, le premier, demande la garde nationale. « Sous quelque gouvernement que ce fût, » dit-il, « le seul moyen d'être libre, ce serait d'être tous soldats. Il faudrait que, dans chaque condition, le citoyen eût deux habits, l'habit de son état et l'habit militaire. »

Sous toutes ces influences également actives des divers partis philosophiques, l'esprit public était renouvelé, et la société changée et rajeunie. Au lieu de cette légèreté, de cette frivolité de la première partie du dix-huitième siècle, où l'on doutait de tout et s'amusait de tout, on ne voyait partout qu'ardeur et passion. Ce caractère sérieux que Rousseau avait rendu à son temps, d'Holbach et ses amis en avaient leur part ; ils étaient animés d'une passion sincère, et se faisaient de l'humanité une sorte de religion. Ils tâchaient de ne pas subir la théorie de l'égoïsme et de l'intérêt mise en avant par Helvétius. Ils parlaient de sentiment, de passion, de nature; le libertinage à froid n'osait plus s'avouer.

Chez d'autres, sous l'inspiration de Rousseau, le sentiment s'associait au devoir; les mœurs commençaient à s'améliorer; les mères se remettaient à nourrir leurs enfants; l'éducation devenait plus douce et plus conforme à la raison et à la nature. Des espérances sans bornes remplissaient toutes les âmes. On ne parlait plus que de liberté, des droits du citoyen, de patrie, d'égalité. La génération de 1762 à 1774 préparait la grande génération révolutionnaire. Les enfants qui naquirent alors furent les jeunes hommes de 1789.

Le costume, le théâtre, les beaux-arts, se modifiaient sous l'empire des idées et des sentiments nouveaux. Les hommes commençaient à porter, à l'exemple de Rousseau et des Anglais, des habits d'étoffe unie et de couleur sérieuse; les vêtements des femmes, en dehors de la cour et de son étiquette, devenaient plus simples, en restant élégants et gracieux.

Au théâtre, la musique dramatique prenait un brillant essor dans un genre nouveau, l'opéra-comique, où tout un groupe de compositeurs rivalisaient de naturel, de grâce et de passion touchante et pure. Cent années n'ont pas altéré la fraîcheur de leurs mélodies, qui nous charment et nous reposent l'âme aujourd'hui encore.

Grétri et ses émules font de l'Opéra-Comique un théâtre vraiment national. Le Grand-Opéra est bientôt animé et transformé à son tour par un illustre étranger, Gluck, Allemand de naissance, mais Français de génie, et qui, comme les musiciens français, cherche surtout dans la musique l'expression dramatique, et la porte à une hauteur qu'elle n'avait pas encore atteinte. Il excelle à exprimer les sentiments héroïques, comme Grétri les sentiments doux. Mais tous deux se ressemblent par la vérité de leur inspiration et la conscience qu'ils mettent dans leur art. Ils ne donnent l'un et l'autre que des émotions salubres, et tous deux justifient la vieille maxime des bardes celtiques : « Le chant est profitable à l'âme. »

Gluck est, en quelque sorte, le Corneille de la musique. Il s'inspire de Rousseau et des anciens Grecs, que Rousseau vante sans cesse dans ses livres.

Ce même goût pour la simplicité et la grandeur des anciens, qui se fait sentir dans les majestueux et sévères opéras de Gluck, s'introduit dans l'architecture, puis dans la peinture. Le style des édifices s'améliore, les ornements maniérés et contournés disparaissent. Il nous reste de ce temps quelques monuments dont les constructeurs se sont heureusement inspirés de l'architecture antique, sans la copier servilement et maladroitement, comme on l'a fait plus tard. On peut citer à Paris les deux beaux édifices de la place de la Concorde, d'abord appelée place Louis-Quinze : le Garde-Meuble et le Ministère de la marine.

Dans la peinture, à l'école de Boucher, le peintre fade et licencieux du Parc-aux-Cerfs, allait succéder bientôt l'école de David, le peintre austère et républicain de *Brutus* et de *Socrate*.

Nous avons résumé les luttes des philosophes du dix-huitième siècle contre l'ancien régime monarchique et religieux, et leurs luttes les uns contre les autres. Nous avons été obligé d'omettre bien des noms dignes de mémoire ; il en faut cependant rappeler encore un, celui de Mabli, qui, émule plutôt que disciple de Rousseau, était arrivé, par ses propres méditations, à des idées politiques et religieuses à peu près pareilles, et qui, par des ouvrages où il louait les mœurs et les institutions des républiques grecques et romaines, contribua beaucoup à pousser à cette imitation des anciens qui se manifestá souvent dans la Révolution.

Ce fut Mabli qui, le premier, demanda dans ses livres qu'on rappelât les états généraux, comme moyen d'arriver par degrés à tous les grands changements nécessaires.

En dehors de Voltaire, de Rousseau, des encyclopédistes, de la société d'Holbach, il y avait de plus toute une école d'hommes qu'il faut aussi appeler des philosophes, puisqu'ils rattachaient l'objet particulier dont ils s'occupaient à des idées générales et philosophiques. Leur objet particulier était la science de la formation et de la distribution de la richesse, l'économie politique ou sociale.

Nous ne ferons que mentionner ici ce groupe, dont les deux membres les plus éminents ont été Quesnai et Gournai. Les travaux de l'école économique, ou *physiocratique*, comme elle s'intitula, sont en dehors du but de notre esquisse. Cette école a jeté dans la circulation des idées grandes, hardies, fécondes, mêlées d'erreurs graves. Nous ne citons ici les noms de ses chefs que parce que, parmi eux, s'était élevé un jeune homme qui devait tenter de prévenir, par une grande réforme, l'ère de la Révolution qui approchait. C'était Anne-Robert-Jacques Turgot, fils d'un prévôt des marchands de Paris.

S'il n'avait pas reçu de la nature l'éclatant génie littéraire d'un Voltaire, d'un Rousseau, d'un Buffon, il n'eut pas de supérieur dans son siècle pour l'étendue de l'intelligence, ni peut-être d'égal pour la force du caractère.

Quoiqu'il dût être un jour la principale gloire de l'école économique, il ne s'enferma nullement dans le cadre spécial de Gournai et de Quesnai, fut comme l'intermédiaire entre eux et Voltaire et Rousseau, et s'efforça d'embrasser, durant la première partie de sa carrière, tous les éléments essentiels des connaissances humaines.

Sa famille le destinait à l'église. Élevé sur les bancs de la Sorbonne, il y prononça, en 1750, deux discours tels que les voûtes de cette vieille école du moyen âge n'en avaient jamais entendu. Le premier exposait, à un point de vue tout philosophique, les avantages que l'établissement du christianisme a procurés au genre humain. Un peu plus tard, Turgot compléta sa pensée sur ce sujet en écrivant que le plus grand des bienfaits du christianisme avait été d'éclairer et de propager la religion naturelle.

Le second discours avait pour sujet les progrès successifs de l'esprit humain. Turgot n'avait rien emprunté à l'*Essai sur les mœurs*, de Voltaire, qui était encore inédit, et il réfutait Rousseau en établissant que le genre humain a fait des progrès non-seulement en science, mais en moralité. Il y a une grandeur saisissante dans les pages où ce jeune séminariste nous montre le progrès se développant dans l'histoire. Il rêvait de refaire, à ce point de vue, l'*Histoire universelle* de Bossuet. Il ne tomba jamais dans l'erreur de Quesnai sur une prétendue *évidence* qui devait donner à l'homme la connaissance parfaite et définitive des lois naturelles. Il avait bien vu que la loi de la société est une perfectibilité indéfinie, et non la perfection absolue.

Philosophe religieux, mais n'ayant plus les croyances dogmatiques de l'Église, il renonça aux chances de fortune que sa famille attendait pour lui de l'état ecclésiastique, et, se sentant fait pour l'action et songeant à l'avenir du pays, il s'engagea dans la carrière administrative, tout en continuant ses études philosophiques et sociales.

Il avait combattu Rousseau en faveur du progrès; il s'unit à lui d'avance en ce qui regarde l'éducation, le mariage et la famille, dans une lettre où il professe, dès 1751, des idées analogues à celles de l'*Émile*.

Bientôt après, il écrit des *Lettres sur la tolérance* (1753-1754), où il dépasse son titre, en avançant non-seulement qu'on ne doit pas persécuter, mais qu'aucune religion n'a droit à la protection exclusive de l'État, et que toutes ont droit à la liberté. Il envoya au ministre et fit parvenir au roi, en 1754, un écrit où il demandait qu'on tolérât les protestants et les jansénistes, et, d'autre part, qu'on laissât le clergé libre d'accorder ou de refuser les sacrements, mais en ôtant aux sacrements tout effet civil, et en remettant à des fonctionnaires civils la constatation de la naissance, l'acte de mariage et l'enterrement. Ce fut donc Turgot qui réclama l'*état civil* avant Voltaire même.

Dans une des *Lettres sur la tolérance*, Turgot pose, mieux que ne fera Rousseau, le principe de la liberté. Tout homme est né libre, dit-il, et la liberté de chacun ne doit avoir de borne que la liberté d'autrui. La société est faite pour les particuliers, et non les particuliers pour la société ; elle n'est instituée que pour protéger les droits de tous, en assurant l'accomplissement de tous les devoirs mutuels.

Turgot fut, durant quelques années, un des collaborateurs de l'*Encyclopédie*. Son article *Fondation*, dans ce recueil, est d'une grande importance. Lui, qui est avant tout le théoricien et de la liberté et de la propriété, il montre fort bien qu'il n'y a que deux sortes de propriétés, la propriété particulière et la propriété publique; qu'il n'y en a pas d'une troisième espèce entre les deux;

que les corporations ne sont pas de vrais propriétaires ; que l'État a le droit de disposer des fondations anciennes, de les modifier ou de les supprimer, les fondateurs n'ayant pas eu droit d'enchaîner indéfiniment à leurs volontés les générations futures.

Cette opinion, du reste, n'était pas nouvelle, ni particulière aux philosophes. Elle était celle des jurisconsultes de l'ancienne magistrature française.

Cette belle et noble figure de Turgot, si austère et si sympathique, si placide et si énergique à la fois, rassemble en elle, pour ainsi dire, presque tout le dix-huitième siècle. On retrouve, en Turgot, Voltaire quant à la tolérance et à l'humanité ; Rousseau quant à la religion, à la morale, et à l'éducation, qu'il veut donnée par l'État au peuple (tout le dix-huitième siècle l'a voulu avec lui!) ; Voltaire encore, Gournai et Quesnai, quant à la liberté ; Voltaire encore et Diderot quant au progrès et à la perfectibilité, mais, ici, avec quelque chose de plus.

Il voit plus clairement que Diderot, et même que Voltaire, les conditions morales du progrès, et les détermine en unissant le déisme spiritualiste de Rousseau à la perfectibilité, que proclamaient les autres philosophes sans en comprendre les vraies conditions ; la perfectibilité sociale provient de la perfectibilité de l'individu, et celle-ci a sa loi non dans la vie terrestre isolée, mais dans les destinées éternelles.

C'est donc Turgot qui concilie en lui les écoles philosophiques rivales, et qui marque le point le plus élevé où soit arrivé l'esprit humain au dix-huitième siècle.

Sur deux questions seulement, mais de grande conséquence, Turgot n'est pas en tête de son siècle. Il partage l'erreur de l'école économique sur la prétendue improductivité de l'industrie, ce qui mène, d'une part, les économistes à vouloir faire porter le poids total de l'impôt sur les possesseurs de terres, et, d'autre part, à leur attribuer exclusivement les droits politiques. Turgot ne s'associe pas entièrement, comme nous l'avons déjà dit, à l'autre erreur de Quesnai. Il ne croit pas, avec celui-ci, que l'homme puisse atteindre l'évidence absolue et une connaissance parfaite des lois naturelles qui fixe la société dans un ordre immuable. Il pense que la loi du genre humain est un progrès croissant de siècle en siècle, et non une perfection qu'on puisse jamais atteindre d'un seul coup. Néanmoins, il pousse trop loin sa généreuse confiance dans l'empire de la raison, du bien et du vrai sur l'esprit des hommes, et cela le conduit à méconnaître la nécessité des garanties à donner à la liberté. Il ne voit pas, comme Montesquieu, qu'il est indispensable de séparer les divers pouvoirs dans l'État pour assurer la liberté publique, ni, comme Rousseau, qu'il faut faire en sorte que le magistrat, le délégué du peuple, ne puisse pas usurper sur la souveraineté du peuple. Il ne voit pas la nécessité d'enlever à la royauté le pouvoir suprême dont elle a tant abusé, mais il rêve de la convertir et d'en faire l'instrument de la raison publique.

C'est cette illusion qui lui donne le courage de mettre la main au gouvernement et de tenter une grande réforme pacifique, afin de prévenir la révolution que Voltaire voyait venir avec une joie un peu juvénile et imprévoyante, mais dont Rousseau pressentait les terribles crises comme les grandeurs.

En 1774, après qu'au vieux monarque corrompu qui avait dégradé la monarchie, eut succédé un jeune roi de mœurs pures et d'intentions honnêtes, Turgot fut appelé au ministère. Les philosophes applaudirent avec transport, sans distinction de nuances, quand ils virent ce grand homme de bien, des marches même du trône, lancer la foudre sur les abus. La joie de Voltaire fut sans bornes, et il dévoua toute sa verve, tout son génie, à défendre le ministre patriote contre les cabales des privilégiés.

Les espérances illimitées qu'on avait

fondées sur l'avénement de Turgot furent bien vite dissipées. Louis XVI, capable de concevoir le bien, incapable de le réaliser et de soutenir jusqu'au bout l'homme qui en avait la volonté et la capacité, le malheureux Louis XVI abandonna Turgot et retomba sous la main de ceux qui devaient le perdre et la royauté avec lui. Le vieux Voltaire, dont la passion pour le bien public et la sensibilité s'accroissaient avec les années, en fut frappé au cœur : il exprima sa douleur de la manière la plus touchante : « Ah ! quelle funeste nouvelle j'apprends ! la France aurait été trop heureuse ! que deviendrons-nous ? — Je ne vois plus que la mort devant moi depuis que M. Turgot est hors de place ! »

La réforme pacifique avait échoué sans retour. La Révolution était inévitable.

Maintenant qu'elle approchait, Voltaire la prenait plus au sérieux et semblait en pressentir le caractère tragique.

Ni lui ni Rousseau ne devaient en être témoins. Ils ne virent pas la Révolution française ; ils virent seulement apparaître sa sœur aînée, la Révolution des États-Unis d'Amérique, qui réalisa les idées républicaines dans le Nouveau-Monde, avant que la France entreprît à son tour ce grand dessein dans la vieille Europe.

Au commencement de 1778, un événement partagea l'attention passionnée de Paris et de la France avec la Révolution américaine. Après vingt-huit ans d'absence, Voltaire était de retour à Paris (10 février 1778). Aucune défense officielle ne lui interdisait la capitale, et il ne voulait pas mourir sans avoir revu sa ville et ses Parisiens. Le clergé demanda en vain son expulsion. La reine, qui allait à tout ce qui brille, voulait qu'il fût présenté au roi : le dévot Louis XVI s'y refusa; mais Paris dédommagea amplement Voltaire de l'abstention de Versailles. Une foule enthousiaste assiégeait incessamment l'hôtel où il était descendu, au coin de la rue de Beaune, sur le quai qui en a gardé le nom de quai Voltaire. Il ne pouvait se montrer aux fenêtres sans être salué de mille acclamations ; c'était lui qui était en ce moment le vrai roi.

On racontait partout son entrevue avec Turgot, et qu'il lui avait dit en pleurant : « Laissez-moi baiser cette main qui a signé le salut du peuple ! »

On rapportait que l'illustre Franklin, envoyé à Paris par la nouvelle république américaine pour solliciter l'alliance de la France contre l'Angleterre, était allé prier Voltaire de bénir son petit-fils. Voltaire bénit l'enfant au nom de « Dieu et de la Liberté. »

C'est là le vrai testament de Voltaire devant la postérité, et cette parole efface toutes les taches et rachète toutes les faiblesses de sa vie.

Épuisé et mis aux portes du tombeau par tant d'émotions et de fatigues, l'énergique vieillard se releva pour un moment, se prodiguant à tous et allant de triomphe en triomphe, à l'Académie, qui se transporta en corps au-devant de lui, honneur qu'elle ne rendait pas même aux rois étrangers ; puis à la Comédie-Française, où son buste fut, devant lui, couronné sur la scène au milieu d'un vrai délire public ; enfin, aux francs-maçons, parmi lesquels il se fit initier.

La société des francs-maçons, qui s'attribue des origines très-anciennes, et qui se rattacherait, dit-on, aux associations laïques de constructeurs de cathédrales au moyen âge, et aussi aux Templiers depuis leur proscription, n'avait acquis une véritable importance que dans la première moitié du dix-huitième siècle, époque à laquelle elle nous était arrivée d'Angleterre ; recevant dans son sein des hommes de toutes croyances et de toutes nations, réunis par l'amour des lumières, de l'humanité et du progrès, elle était, par cela même, partout en guerre avec l'esprit d'exclusion et de persécution, et elle opposait au fanatisme religieux un déisme large et tolérant exprimé par sa formule du Grand Architecte de l'Univers, dont tous les francs-maçons étaient les ouvriers et les collaborateurs. L'esprit de Voltaire et de Rousseau dominait parmi eux, et ils ont beaucoup fait pour préparer la Révolution française.

Voltaire avait eu sa récompense et couronné sa carrière. Il pouvait mourir. Il retomba et s'éteignit le 30 mai 1778. Il avait quatre-vingt-quatre ans, et faisait retentir le monde de son nom depuis soixante ans.

Rousseau le suivit de près. Il était rentré en France définitivement en 1767, puis à Paris en 1770, où il habita la rue qui porte aujourd'hui son nom. Le pouvoir l'y laissait tranquille, et il y vivait retiré, achevant ses *Confessions*, où, avec un art infini dans la forme littéraire, il a dit de lui-même, en toute sincérité, tout le bien et tout le mal qu'on en peut dire, révélant ses fautes les plus cachées comme ses plus secrètes pensées. La seule chose qu'il n'ait pas dite, parce qu'il ne s'en rendait pas compte, c'est que sa raison, si ferme dans les choses générales, dans la philosophie et la politique, était altérée en ce qui regardait sa personne. Pris de cette triste affection, à la fois morale et physique, qu'on appelle l'hypocondrie ou la maladie noire, et s'exagérant les inimitiés qu'il s'était attirées par sa double guerre contre les prêtres et contre les athées, il s'imaginait être en butte à la haine universelle, et ne croyait pas à la sincérité de toutes ces sympathies et de tous ces hommages dont le public ne demandait qu'à l'entourer.

On l'a appelé ingrat; on l'a appelé méchant, à cause d'actions bizarres et d'amitiés méconnues; il n'était ni ingrat ni méchant; il était malade. Il n'avait de haine pour personne et n'a jamais exprimé de meilleurs sentiments que dans les écrits de ses dernières années, les *Promenades et rêveries*.

Son état d'esprit, aggravé par des infirmités douloureuses, rendit ses dernières années bien pénibles. Il accepta enfin d'un ami, M. de Girardin, un asile plus conforme à ses goûts que les rues tumultueuses de Paris, dans une belle campagne, à Ermenonville. Il y mourut au bout de peu de temps (3 juillet 1778). On a prétendu qu'il avait fini par le suicide ; mais l'examen du masque de plâtre moulé sur nature, après sa mort, par le statuaire Houdon, prouve que Rousseau ne s'est pas, comme on l'avait dit, tiré un coup de pistolet dans la tête. Selon toute apparence, il avait succombé à une attaque d'apoplexie.

Voltaire et Rousseau finirent ainsi, conformément à leurs caractères, l'un parmi les acclamations de la foule, l'autre dans la solitude. Rousseau, du fond de sa retraite, avait approuvé les honneurs rendus à Voltaire. Les restes de Rousseau furent déposés à l'ombre des peupliers, dans un îlot d'un petit lac, entre les collines et les bois de pins. L'île des Peupliers devint un lieu de pèlerinage. Tout le monde y vint, même la reine, que Louis XVI avait empêchée d'assister au triomphe de Voltaire à la Comédie-Française.

Voltaire et Rousseau, unis quant au

but, avaient été personnellement divisés pendant leur vie. La Convention nationale a exprimé le vrai sentiment public en réunissant leurs restes sous les voûtes du Panthéon. Ils ne seront jamais séparés dans la mémoire de la France. Ils expriment à eux deux véritablement son génie, et représenteront à jamais dans l'histoire ce dix-huitième siècle qui a été le berceau de la Révolution française.

Un poëte aux mâles accents, Marie Joseph Chénier, a été la voix de la postérité, lorsqu'il dit, en parlant de Rousseau :

O Voltaire, ! son nom n'a plus rien qui te blesse!
Un moment divisés par l'humaine faiblesse,
Vous recevez tous deux l'encens qui vous est dû !
Réunis désormais, vous avez entendu,
Sur les rives du fleuve où la haine s'oublie,
La voix du genre humain qui vous réconcilie.

FIN.

A. THIERS

HISTOIRE

DE LA

RÉVOLUTION FRANÇAISE

ÉDITION POPULAIRE

Illustrée de plus de 400 gravures d'après les dessins

De YAN'DARGENT

L'ouvrage complet, 2 forts volumes grand in-8 jésus. 22 fr.

Se publie aussi en 200 livraisons à 10 cent., ou en 20 séries brochées à 1 fr. 10.

ATLAS

POUR LA RÉVOLUTION FRANÇAISE

ÉDITION POPULAIRE

32 cartes ou plans dressés d'après les documents du Ministère de la guerre, pour l'intelligence des campagnes de

L'HISTOIRE DE LA RÉVOLUTIOF FRAFÇAISE

Par M. THIERS.

L'atlas, cartonné.................... 10 fr.

Se publie aussi en 7 séries à 1 fr. 10

A. THIERS

HISTOIRE
DU
CONSULAT ET DE L'EMPIRE

ÉDITION POPULAIRE

ILLUSTRÉE DE 350 GRAVURES

D'APRÈS LES DESSINS

de Karl Girardet, Philippoteaux, etc.

L'OUVRAGE COMPLET

5 vol. grand in-8 jésus, brochés.... 48 fr.

Tous les volumes se vendent séparément :

L'*Histoire du Consulat*. 1 vol......... 8 fr. »
L'*Histoire de l'Empire*. 4 vol. Chaque vol. 10 fr. »
Ces 5 vol. se publient aussi en 44 séries à 1 fr. 10

ATLAS POUR LE CONSULAT & L'EMPIRE

ÉDITION POPULAIRE

66 Cartes ou Plans dessinés pour l'intelligence des campagnes

de l'*Histoire du Consulat et de l'Empire*

Par M. THIERS

L'Atlas complet élégamment cartonné..... 15 fr.
Se publie aussi en 12 séries à 1 fr. 10

LOUIS FIGUIER

LES

MERVEILLES DE LA SCIENCE

OU DESCRIPTION POPULAIRE

DES INVENTIONS MODERNES

4 FORTS VOLUMES GRAND IN-8° JÉSUS

Illustrés de 1,817 gravures d'après les meilleurs artistes.

L'ouvrage complet........ 40 fr.

Se publie en 37 séries à 1 fr. 10 et en livraisons à 10 cent.

TOME Ier : Machines à vapeur ; Bateaux à vapeur ; Locomotives et chemins de fer ; Locomobiles ; Machine électrique ; Paratonnerres ; Pile de Volta ; Électro-Magnétisme. 400 gravures.

TOME IIe : Télégraphie aérienne, électrique et sous-marine ; Câble transatlantique ; Galvanoplastie ; Dorure et argenture électro-chimiques ; Aérostats ; Éthérisation. 357 gravures.

TOME IIIe : Photographie ; Stéréoscope ; Poudres de guerre ; Artillerie ancienne et moderne ; Armes à feu portative ; Bâtiments cuirassés ; Drainage ; Pisciculture. 612 gravures.

TOME IVe : Éclairage ; Chauffage ; Ventilation ; Phares ; Puits artésiens ; Cloche à plongeur ; Moteur à gaz ; Aluminium ; Planète Neptune. 448 gravures.

Chaque vol. se vend séparément. 10 fr.

LOUIS FIGUIER

LES

MERVEILLES DE L'INDUSTRIE

OU DESCRIPTION POPULAIRE

DES PROCÉDÉS INDUSTRIELS

DEPUIS LES TEMPS LES PLUS RECULÉS JUSQU'A NOS JOURS

4 FORTS VOLUMES GRAND IN-8° JÉSUS

Illustrés de 1,404 gravures d'après les meilleurs artistes.

L'ouvrage complet........ 40 fr.

Se publie en 37 séries à 1 fr. 10 et en livraisons à 10 cent.

Tome I. Verre et cristal ; poteries ; faïences et porcelaines ; savon ; soudes et potasses ; sel ; soufre et acide sulfurique ; 413 gravures.

Tome II. Sucre ; papier ; papiers peints ; cuirs et peaux ; caoutchouc et gutta-percha ; teinture, 330 gravures.

Tome III. Eau ; boissons gazeuses ; blanchiment et blanchissage ; phosphore et allumettes chimiques ; froid artificiel ; asphalte, 294 gravures.

Tome IV. Pain et farines ; fécules et pâtes alimentaires : lait ; fromages ; vin ; cidre ; bière ; alcool et distillation ; vinaigre ; huiles ; conserves alimentaires ; café ; thé et chocolat, 367 gravures.

Chaque vol. se vend séparément. 10 fr.

CORNEILLE.

OEuvres dramatiques. 1 volume, 12 gravures...... 7

JEAN RACINE.

OEuvres. 1 volume, 13 gravures.................. 7

MOLIÈRE.

OEuvres complètes. 2 volumes, 16 gravures....... 14

LA FONTAINE.

Fables. 1 volume, 13 gravures................... 6

BOILEAU.

OEuvres complètes. 1 volume, 6 vignettes, 1 portrait. 5

FÉNELON.

Aventures de Télémaque. 1 volume, 12 vignettes et 1 portrait.................................. 6

BOSSUET.

Discours et Oraisons. 1 volume, 1 portrait....... 6

MASSILLON, FLÉCHIER, BOURDALOUE, etc.

Chefs-d'œuvre oratoires. 1 volume............... 5

LA BRUYÈRE ET LA ROCHEFOUCAULD.

Caractères et Maximes. 1 volume, 1 portrait..... 5

VAUVENARGUES.

OEuvres complètes. 2 volumes, 1 portrait........ 12

Mme DE SÉVIGNÉ.

Lettres. 1 volume, 1 portrait................... 6

VOLTAIRE.

Théâtre. 1 volume, 1 portrait................... 6

Siècle de Louis XIV. 1 volume, 1 portrait........ 6

LE SAGE.

Gil Blas de Santillane. 1 volume, 9 gravures..... 7

CERVANTÈS.

Don Quichotte, traduction *Ch. Furne*. 2 volumes, 9 gravures.................................. 8

BEAUMARCHAIS.

Théâtre. 1 volume, 5 vignettes.................. 6

DEMOUSTIER.

Lettres à Émilie sur la Mythologie. 1 volume, 12 gravures................................. 7

ŒUVRES

DE

WALTER SCOTT

Traduction de DEFAUCONPRET

NOUVELLE ÉDITION

Publiée en 30 volumes in-8 carré

AVEC GRAVURES SUR ACIER

Chaque vol. contient au moins un roman complet et se vend 3 fr. 50

Tomes
1. Waverley.
2. Guy Mannering.
3. L'Antiquaire.
4. Rob-Roy.
5. Le Nain noir. Les Puritains d'Écosse.
6. La Prison d'Édimbourg.
7. La Fiancée de Lamermoor. L'Officier de fortune.
8. Ivanhoë.
9. Le Monastère.
10. L'Abbé.
11. Kenilworth.
12. Le Pirate.
13. Les Aventures de Nigel.
14. Peveril du Pic.
15. Quentin Durward.
16. Eaux de Saint-Ronan.
17. Redgauntlet.
18. Connétable de Chester.
19. Richard en Palestine.
20. Woodstock.
21. Chronique de la Canongate.
22. La Jolie Fille de Perth.
23. Charles le Téméraire.
24. Robert de Paris.
25. Le Château périlleux. La Démonologie.
26. 27. 28. Histoire d'Écosse.
29. 30. Romans poétiques.

5133-78 — CORBEIL. typ. et stér. de CRÉTÉ

90

www.ingramcontent.com/pod-product-compliance
Ingram Content Group UK Ltd.
Pitfield, Milton Keynes, MK11 3LW, UK
UKHW020344230726
13925UKWH00003B/961